Julian Heppt

DIE ERFÜLLUNG WARTET IN DIR

Julian Heppt

DIE ERFÜLLUNG WARTET IN DIR

Wie du stürmische Zeiten in deinem Leben nutzen kannst, um dich mit deinem wahren Ich und deiner Seele zu verbinden

mvgverlag

Bibliografische Information der Deutschen Nationalbibliothek
Die Deutsche Nationalbibliothek verzeichnet diese Publikation in der Deutschen Nationalbibliografie. Detaillierte bibliografische Daten sind im Internet über http://dnb.d-nb.de abrufbar.

Für Fragen und Anregungen
info@mvg-verlag.de

Originalausgabe
1. Auflage 2022

Türkenstraße 89
80799 München
Tel.: 089 651285-0
Fax: 089 652096

Redaktion: Ralf Lay
Umschlaggestaltung: Manuela Amode
Umschlagabbildung: Shutterstock.com/Illus_man
Abbildungen: S. 236, 242, 245 Annett Wich; S. 122: Shutterstock.com/Svitlana Amelina
Satz: Helmut Schaffer, Hofheim a.Ts.
Druck: CPI books GmbH, Leck
Printed in Germany

ISBN Print 978-3-7474-0361-7
ISBN E-Book (PDF) 978-3-96121-737-3
ISBN E-Book (EPUB, Mobi) 978-3-96121-738-0

Wir produzieren nachhaltig
www.m-vg.de

Weitere Informationen zum Verlag finden Sie unter
www.mvg-verlag.de
Beachten Sie auch unsere weiteren Verlage unter www.m-vg.de

Inhalt

Vorwort

Das Leben ist ein Mysterium. Wir werden geboren, und wir sterben. Dazwischen erleben wir eine Menge Dinge, die uns manchmal Glück fühlen lassen und manchmal Leid mit sich bringen. Wenn man Menschen nach ihrem Ziel im Leben fragt, so ist ihre Antwort meist recht simpel: »Glücklich zu sein.«

Doch was macht uns wirklich glücklich? Ist es, eine Familie zu gründen? Ist es, beruflich erfolgreich zu sein?

Das Spannende ist, dass wir, egal, was für tolle Sachen wir in unserem Leben und in der Außenwelt erfahren, die entsprechenden Glücks- und Erfüllungsgefühle dennoch immer nur in uns spüren. Brauchen wir Menschen also wirklich äußere Erlebnisse, um Erfüllung im Inneren zu fühlen?

Während wir durch unser Leben gehen, so scheint unser Verhalten zwei Grundantrieben zu unterliegen: Schmerzen zu vermeiden und das Glück zu suchen.

Wenn dich dieses Buch gefunden hat, dann bist du höchstwahrscheinlich an einem Punkt, an dem die Zeiten des Leids die des Glücks stark überwiegen. Oder du merkst, dass die Dinge, von denen du immer dachtest, sie würden dich glücklich machen, dir doch nicht die ultimative Erfüllung geben.

Was du zu diesem Zeitpunkt vielleicht noch nicht weißt: Du befindest dich bereits mitten auf einem Weg, den deine

Seele schon vor langer Zeit geplant hat. Denn das Spiel des Lebens für Fortgeschrittene besteht darin zu ergründen, warum wir manche Lebenssituationen als leidvoll erleben, und einen Weg zu finden, dauerhafte Erfüllung zu erleben, anstatt immer nur den schnell verfliegenden Glücksmomenten hinterherzujagen. Und dieser Weg führt nach innen.

Lass mich dich mit auf ein Abenteuer nehmen. Lass mich dir zeigen, warum dein Leben, wie es bisher gelaufen ist, genau richtig und wichtig für dich war. Lass mich dir erklären, wie alte Verletzungen, die du nie überwinden konntest, dich haben dein Glück an Stellen suchen lassen, an denen du es nicht dauerhaft finden kannst. Und lass mich dir zeigen, wie du die Erfüllung in *dir* findest.

Gleich vorweg: Mein Bestreben mit diesem Buch ist nicht, dich von irgendetwas zu überzeugen oder deinen Verstand mit ganz vielen Zahlen und Fakten zu füttern. Mein Wunsch ist es eher, durch meine Worte die Weisheit zu erwecken, die bereits in dir wohnt.

Mein Weg

Die Erfüllung wartet in *dir*. Wenn mir noch vor einigen Jahren jemand den Titel dieses Buches vorgelesen hätte, hätte ich die Person ziemlich sicher komisch von der Seite angeschaut und keinen blassen Schimmer gehabt, was damit eigentlich gemeint ist. Heute weiß ich es zum Glück und es ist mir eine große Freude, es mit dir teilen zu dürfen. Es ist schon verrückt, wie das Leben so spielt. Wenn ich auf meinen Weg zurückblicke und reflektiere, wie alles abgelaufen ist, finde ich es nach wie vor unfassbar, dass du nun dieses Buch in deinen Händen hältst.

Es gab Zeiten in meinem Leben, die so stürmisch waren und mir als so aussichtslos erschienen, dass ich des Öfteren gerne den »Reset-Knopf« gedrückt hätte und ich mich immer wieder fragte, was das Ganze überhaupt soll. Mein persönlicher »Sturm der Seele« hatte mich für lange Zeit fest im Griff. Heute bin ich mit meiner Vergangenheit im Frieden. Ab und zu, in einem ruhigen Moment, sitze ich am See, blicke in die Ferne und lasse mit einem Schmunzeln im Gesicht mein bisheriges Leben an mir vorüberziehen. Wenn dann die Bilder von bestimmten Lebenssituationen vor meinem inneren Auge ablaufen, kommt oft ein ganz leichtes Kopfschütteln dazu, als würde ich mir selbst sagen wollen: »Wow, was war das für ein crazy Ritt.« Solche Momente erfüllen mich mit tiefer Dankbarkeit, denn obwohl mein Weg nicht immer leicht war und ich viele Tiefpunkte erlebt habe, so war doch alles, was ich erfuhr, tief sinnvoll. So ist mir mittlerweile klar, dass gerade die schwersten und schmerzhaftesten Lebenssituationen mir insgeheim am meisten geholfen haben, all das abzuwerfen, was ich nicht bin und mich daran erinnerten, wer ich wirklich bin.

Und das, was sich für mich früher wie eine bloße Floskel anhörte, hat sich bewahrheitet: Die Erfüllung wartete tatsächlich in *mir*.

Lass mich dir nun meine Geschichte erzählen.

Das Kind, das vergessen musste

Geboren in eine Familie mit einer Schwester, wuchs ich in einem idyllischen kleinen Dorf in der Mitte Deutschlands auf. Die ersten Jahre meines Lebens fühlte ich mich wie im Himmel. Voller Lebensfreude und unendlicher Liebe für meine Familie und alles, was mich umgab, war ich bereit, die Welt zu entdecken. Mit meinem strohblonden Haar und dem breiten Grinsen im Gesicht strahlte ich nur so vor mich hin und hätte am liebsten jeden damit angesteckt.

Doch wie so viele erlebte auch ich ein böses Erwachen. Recht schnell merkte ich, dass ich scheinbar von allem »zu viel« war und dass irgendetwas mit mir nicht stimmte: Ich war zu laut, zu selbstsicher, und mein eigener Wille fand auch keinen Anklang. Es kam mir so vor, als wäre so gut wie alles, was ich tat, irgendwie falsch und unerwünscht. Für mich und mein Wesen schien es einfach keinen Platz zu geben, und das tat höllisch weh. Zuerst gab ich nicht auf und rebellierte. Ich versuchte sämtliche Taktiken, um es doch noch irgendwie zu schaffen, meinen Wesenskern zu behalten. Doch alle Versuche scheiterten, und mehr und mehr begann ich, mich meinem Schicksal zu ergeben. Unter tiefen Schmerzen musste ich mir eingestehen, dass es für mich einfach keinen Platz gab. Die einzige Möglichkeit, die mir damals übrig blieb, war, einfach alles an mir, für das ich abgelehnt wurde und für das es keinen Raum gab, zu verdrängen. Und das tat ich. Es war, als würde ich einen Pakt mit mir selbst schließen. Wenn ich einfach alles an mir, was ungeliebt bleibt, ganz tief vergrabe und so tue, als gäbe es diese Anteile gar nicht, müsste ich nie wieder leiden.

Wenn ich mich dann auch noch so verhalte, wie meine Eltern es gern hätten, würde ich zumindest noch ein kleines bisschen Liebe und Aufmerksamkeit bekommen, die ich doch so dringend brauchte. Dies würde mir mein emotionales Überleben sichern. Es erschien mir als der perfekte Plan, dessen Umsetzung nicht lange auf sich warten ließ.

Es war an einem Sonntagmorgen, und ich lag noch in meinem Bett, während meine Familie schon unten am Frühstückstisch saß und schon mehrmals rief, wo ich denn bleibe. Ich lag regungslos unter meiner Decke, und leise Tränen rannen mir die Wangen hinunter. Bildlich gesprochen, ging ich damals innerlich ein letztes Mal zu meiner Schatztruhe in mir, in der mein wahres Ich lag. Ich verabschiedete mich, machte die Schatztruhe zu und schloss mehrmals ab. Es war vollbracht. Ich wischte mir die Tränen vom Gesicht, ging hinunter zum Frühstück und lebte fortan meine neue Rolle, die ich so perfekt annahm, dass ich für lange Zeit vergessen würde, dass es eine Rolle war. Die Taktik, die für mich funktionierte, war, einfach in Träumen zu versinken, so zu tun, als wäre ich gar nicht wirklich da, meinen Willen aufzugeben und mich permanent auf die Bedürfnisse anderer zu fokussieren. So ging ich fürs Erste durchs Leben. Ist es nicht auch irgendwie faszinierend, wie Verdrängung funktioniert? Es klappte so gut, dass ich früher, wenn ich gefragt wurde, immer berichtete, wie toll und schön doch meine Kindheit gewesen sei.

Auch meine Schulzeit war nicht sonderlich angenehm für mich. Durch meine antrainierte Rolle, mich hinwegzuträumen, war es für mich so gut wie unmöglich, dem Unterricht zu folgen, denn dazu hätte ich ja präsent sein müssen. Die Folge war, dass ich immer bangen musste durchzufallen, was damals meinem Selbstwert natürlich alles andere als guttat und zudem enorme Ängste in mir schürte.

Doch es gab auch kleine Lichtblicke. Als ich fünfzehn Jahre alt war, sah ich zufällig ein Basketballspiel mit dem deutschen Star Dirk Nowitzki im Fernsehen. Völlig fasziniert starrte ich auf den Bildschirm und wurde innerlich ganz nervös. Von jetzt auf gleich war ich vernarrt in diesen Sport. Die Begeisterung, die da aufflammte, war etwas Neues für mich, hatte ich doch bisher in meiner Traumwelt gelebt und meine Antennen immer nur auf andere ausgerichtet. Und plötzlich entwickelte ich aus dem Nichts so schnell ein ernsthaftes Interesse an einer Sache.

Kurze Zeit später trat ich dem lokalen Basketballverein bei und blühte richtig auf. Im Sport fand ich das erste Mal einen Weg, mich selbst auszudrücken. Hier hatte ich auf einmal das Empfinden, einen Platz zu haben, und fühlte mich sicher. Auf dem Spielfeld war ich frei!

Meine neu gefundene Begeisterung trug schnell Früchte, sodass ich sehr schnell zum besten Spieler der Mannschaft wurde. Endlich hatte ich etwas gefunden, in dem ich gut war und das Anklang fand. Basketball wurde zu meinem Lebensinhalt. Es war wie meine eigene kleine Welt, in der ich zu Hause war, ganz im Gegensatz zur normalen Welt da draußen, in der ich mich immer noch nicht zurechtfand.

Wenn es nach mir gegangen wäre, hätte ich damals gern den Rest meines Daseins auf dem Basketballfeld verbracht. Doch schon bald sollte ich den ersten Reality-Check meines Lebens erfahren.

Das erste Erwachen

Ich war mittlerweile in meinen Zwanzigern angekommen, wohnte in meiner ersten eigenen Wohnung und hatte angefangen, BWL zu studieren. Nicht, weil ich es sonderlich spannend fand. Ich wusste schlichtweg immer noch nicht, was ich mit meinem Leben anfangen sollte; und mit Basketball konnte ich leider kein Geld verdienen.

Tja, und da stand ich nun ... der verträumte Junge, der sich immer vor dem Leben gedrückt hatte, sollte jetzt zum Mann werden. Ich war total überfordert! Spätestens bei meinem ersten Praktikum fürs Studium dämmerte mir so langsam, dass das alles kein Spiel mehr war.

Am ersten Tag des Praktikums wurde ich von der Empfangsdame durch einen riesigen Bürokomplex zu meinem Platz geführt. Plötzlich fand ich mich in einem sterilen, von Neonlicht durchfluteten Massenbüro wieder, in dem der Abteilungsleiter mir nach kurzem, aufgesetztem Smalltalk einen großen Stapel Papiere auf den leeren Schreibtisch knallte. Ich sollte für eine Woche lang Zahlen in eine Tabelle eintragen. Zuerst dachte ich nicht groß darüber nach und erledigte – wie sonst auch immer in meinem bisherigen Leben – einfach das, was von mir verlangt wurde.

Doch am dritten Tag passierte etwas mit mir. Morgens saß ich ein weiteres Mal vor dem Papierstapel und versuchte, mich irgendwie zu motivieren. Ich hatte mir schon den dritten Kaffee geholt und die ganze Zeit die Mitarbeiter der Abteilung beobachtet, wie sie mit leeren Gesichtern, durch Trennwände voneinander abgeschirmt, auf ihre Bildschirme starrten. Ich schaute zur Decke am Neonlicht vorbei und dachte mir: »Was zum Teufel habe ich hier eigentlich zu suchen? Ist es wirklich das, was ich im Leben machen will?«

Es war ein Schlüsselmoment. Auf einmal konnte ich mich nicht mehr wie gewohnt so durchschlängeln und in meiner Traumwelt leben. Ein Wake-up-Call war in vollem Gange, und meine antrainierten Muster bekamen die ersten Risse in ihrer Fassade. Das erste Mal in meinem Leben wohnte ich allein, war komplett auf mich gestellt und wurde dadurch viel mehr als sonst mit mir selbst konfrontiert. Außerdem war ich in einem Studiengang gefangen, der mir keinen Spaß machte. Auf schmerzhafte Weise wurde mir klar, dass ich bis dato gar nicht mein Leben lebte und überhaupt nicht wusste, wer ich bin.

Auch meine große »Rettungsinsel« Basketball gab mir plötzlich nicht mehr den Halt und die Erfüllung wie bisher. Es wurde dunkel um mich. Meine Seifenblase platzte, und die Realität holte mich ein.

Die nächsten Wochen war ich in einer Abwärtsspirale aus Gefühlen der Angst, Sinnlosigkeit und tiefer Leere gefangen. Ich wusste nicht, wie es weitergehen sollte.

Der Ruf des Abenteuers

»Wenn du denkst es geht nicht mehr, kommt irgendwo ein Lichtlein her« – so banal dieser Spruch auch klingt, er hat sich immer wieder für mich bewahrheitet. Denn als ich in dieser Zeit recht kraftlos so vor mich hinvegetierte, fragte mich meine Mutter eines Tages, ob ich sie nicht zu einem Workshop der sogenannten Klopftechnik begleiten wolle. Sie war ganz begeistert und sprach davon, dass es eine neuartige Behandlungstechnik sei, mit der man selbstständig tiefsitzende Blockaden lösen könne. Da ich damals bereits begann, ein leichtes Interesse an psychologischen und spirituellen Themen zu entwickeln, dachte ich mir: »Okay, wieso eigentlich nicht?«

Da hatte ich noch keine Ahnung, dass diese flachse Zusage mein ganzes Leben prägen sollte. Um es kurz zu machen, der Workshop war magisch! Binnen einer Stunde habe ich mich direkt wieder zurück in meine Jugend versetzt gefühlt, als ich mich in den Basketballsport verliebte. Es waren dieselben Emotionen. Die Art, wie die Seminarleiterin mithilfe dieser Technik bei Freiwilligen Blockade für Blockade lösen konnte und sie danach sichtlich erleichtert waren – der Funke sprang sofort über. Es war vor allem auch ein Funke der Hoffnung. Vielleicht gab es ja doch etwas für mich? Seit Monaten spürte ich endlich wieder Aufwind, der mich weiter trug.

Wie ein Besessener begann ich, Bücher über Persönlichkeitsentwicklung zu lesen, telefonierte auch regelmäßig mit der Workshopleiterin und fragte sie Löcher in den Bauch.

Und was soll ich sagen? Wie es das Schicksal wollte, verliebten wir uns und wurden kurze Zeit später ein Paar …

Was für eine Wendung! Wie konnte sich eine so erfolgreiche und kompetente Frau in mich, den schüchternen Kerl, der keinen Plan vom Leben hat, verlieben? Es fühlte sich toll, zugleich aber auch etwas bedrohlich an.

Nach einer Weile fragte sie mich, ob ich nicht einfach zu ihr ins ferne Hamburg ziehen möchte, was in mir direkt eine freudvolle Panik auslöste. Ein Teil von mir war angetan. Ein anderer Teil war ängstlich, schließlich würde ich mit diesem Schritt mein Träumerdasein endgültig aufgeben müssen und bei jemandem einziehen, die mitten im Leben steht, wo ich doch bis dato gar nicht wusste, was das überhaupt bedeutete. Ich war hin und her gerissen. Eine ganze Weile zögerte ich aus Angst, mein gewohntes Leben aufzugeben. Denn obwohl das alte Leben schon so fad erschien, so war es dennoch ein gewohntes, in dem ich mich sicher fühlte. Aber der Samen war gesetzt, und ähnlich dem Küken, das schon die Hülle vom Ei durchbrochen hat, so gab es auch für mich kein Zurück mehr. Ich nahm all meinen Mut zusammen und sprang ins kalte Wasser.

Nächster Stopp: Hamburg. Doch hätte ich auch nur die leiseste Ahnung gehabt, was dort auf mich wartet, wäre ich wohl nie gefahren.

Der große Crash

»Jetzt kann das Leben endlich beginnen«; das war der erste Gedanke, als ich die befreiende Brise des Neuanfangs schnupperte, während ich mein Zeug in die Wohnung meiner Freundin brachte. Endlich hatte ich mein altes Leben hinter mir gelassen und war unglaublich motiviert. Mit einer tollen, erfolgreichen Partnerin an meiner Seite und meinem Entschluss, beruflich in dieselbe Richtung wie sie zu gehen, das war mein Masterplan!

Am Anfang lief es prima. Ich lernte durch sie viel über die Klopftechnik und ließ mich parallel vom Erfinder der Technik ausbilden. Zum ersten Mal bekam ich so langsam das Gefühl, ein Leben zu haben. Wer hätte denn ahnen können, dass sich der neue Abschnitt alsbald als wahrer Horrortrip entpuppen sollte? Denn hinter dem Anfangshype des neuen Abschnitts und der neuen Perspektive in meinem Leben hatte ich noch immer meine Vermeidungsstrategien, mich hinwegzuträumen, um nicht präsent sein zu müssen. Schließlich hatte ich doch als Kind mein Ich so gut in meine innere Schatztruhe gepackt, um nicht mehr leiden zu müssen. Und bisher kam ich damit doch noch ganz gut durchs Leben.

Aber in Hamburg funktionierten diese Muster nicht mehr. Ich wohnte in einer Einzimmerwohnung mit meiner Freundin zusammen, die sehr präsent war. Ich konnte mich also nicht wie gewohnt durchs Leben schlängeln, ohne daran teilzunehmen. Was erschwerend hinzukam, war der Fakt, dass ich zu diesem Zeitpunkt schon mitten in meiner Ausbildung in der Klopftechnik war. Die meisten Teilnehmer waren durchschnittlich zwanzig Jahre älter als ich und viel reflektierter. Sie kamen in den Gruppenarbeiten an ihre Lebensthemen, Emotionen und Blockaden heran und konnten sie lösen. In mir jedoch wirbelte das lediglich meine Themen auf, ohne dass ich es greifen konnte. Das wirkte wie ein Brandbeschleuniger.

Und ehe ich mich's versah, brach mein Kartenhaus das erste Mal komplett zusammen. Und wie es zusammenbrach! Binnen kürzester Zeit verlor ich die Kontrolle, sodass ich gar nicht wusste, wie mir geschah. Ich stürzte in eine tiefe Krise.

Hier mal ein typischer Tagesablauf zu dieser Zeit: Morgens, als ich aufwachte, kam schon immer die erste Unruhe in mir auf, weshalb ich sofort nach dem Aufstehen spazieren ging, um keine Panikattacke zu bekommen. Zurück daheim, übergab ich mich, um den innerlichen Druck loszubekommen. Obwohl ich Erbrechen an sich alles andere als schön finde, freute ich mich komischerweise immer darauf, weil es sich befreiend anfühlte. Wenn ich es schaffte, mich irgendwie zu beruhigen und abzulenken, meistens mit Videos und Serien, konnte ich am Mittag das erste Mal etwas essen, weil die Übelkeit besser war. Meistens schaffte ich es dann, mich durch den Arbeitstag als Barchef zu schleppen. Nach Feierabend saß ich oft allein drei Stunden im Auto, weil ich mich dort sicher fühlte. Das Highlight meines Tages waren die wenigen Stunden vor dem Schlafengehen, in denen es mir dann etwas besser ging, da ich wusste, dass der Tag sich dem Ende zuneigte, und ich das Gefühl hatte, dass mir nichts mehr passieren konnte. Meistens aß ich dann noch ein bis zwei Tafeln Schokolade, um doch noch etwas Nahrung in meinen Körper zu bekommen, was sich untertags immer als schwierig darstellte. Ich legte mich schlafen in dem Wissen, dass ich am nächsten Tag wieder denselben Teufelskreis durchleben würde.

Das Ganze lief ein volles Jahr so! Die Situation war mir damals so peinlich, dass ich zudem versuchte, mein Befinden vor meiner Freundin zu verheimlichen. Doch irgendwann ging es nicht mehr anders. Unter Tränen sagte ich ihr die Wahrheit und beschloss, professionelle Hilfe anzunehmen.

Ich kam in eine psychosomatische Klinik für junge Erwachsene. Es tat gut, mal eine Zeit lang raus aus dem Alltag zu kommen, und gab mir die nötige Ruhe, um zu reflektieren. Neben dem Basisprogramm der Klinik verbrachte ich auch zahlreiche Sitzungen mit einem Therapeuten, der die Klopftechnik anwendete. Es ging aufwärts. Aus meinem Leid war Bewusstsein entstanden. Auf einmal begriff ich, warum es mir so ging und dass meine Krise mir zeigte, wie verletzt ich doch tief in mir drinnen war. Bildlich gesprochen, sah ich, dass meine innere Schatztruhe nicht nur verschlossen, sondern zusätzlich mit dicken Betonmauern umgeben war. Und genau diese Mauern war ich nun bereit zerfallen zu lassen.

Es ist schon spannend, was in therapeutischen Sitzungen so alles ans Licht kommen kann. In meinem Fall waren da unglaublich viel Trauer und Schmerz, Ablehnungswunden, Ängste, das Gefühl der Wertlosigkeit und vieles mehr.

Schritt für Schritt konnte ich die ersten Themen transformieren und wurde stabiler. Das tägliche Erbrechen und die Panikattacken hörten auf. Durch die Innenschau war ich in der Lage, mich schon mit einigen Anteilen, die so lange unter Verschluss lagen, wieder zu verbinden. Ich wurde selbstsicherer und hatte auch mehr das Gefühl zu wissen, was gut für mich ist und was nicht.

Der Sturm legte sich. Erst einmal aufatmen. Dieser Lebensabschnitt hatte mich an den Rand des Erträglichen gebracht, und ich war gespannt, was wohl als Nächstes kommen würde.

Erneuter Ruf der Seele

Es waren meine letzten Tage in der Klinik, als meine Lebensgeister langsam zurückkamen. Obwohl ich mich zu Beginn des Aufenthalts noch komplett von meinen Mitpatienten isoliert hatte, begann ich nun, mich mehr und mehr mit ihnen anzufreunden. Mein Zimmergenosse und ich spielten regelmäßig bis in die Nacht hinein Karten und quatschten unbefangen über die Höhen und Tiefen unseres Lebens. Eines Abends, während er die Karten für die nächste Partie austeilte, stellte er mir plötzlich eine Frage: »Warst du schon mal am Bodensee? Ist wunderschön da.« Wie aus dem Nichts fuhr es mir durch den ganzen Körper. Was war das? Ich war kurz still, sodass mein Mitpatient mich schon komisch anschaute.

»Nein, noch nicht, aber vielleicht sollte ich mal hinfahren«, antwortete ich ihm knapp, um die Stille zu unterbrechen. Das elektrisierende Gefühl in mir wurde nicht weniger, sodass ich mich entschloss, noch eine Runde spazieren zu gehen, während die ganze Zeit die Gedanken kreisten: »Was war das denn? Irgendeine Art Zeichen oder so?« Es ließ mich einfach nicht los. Abends im Bett suchte ich auf meinem Handy nach Bildern vom Bodensee, und wieder wurde mein Herz ganz warm. Es war wie ein Sog. Als hätte dieser Ort seine Hand ausgestreckt und gesagt: »Komm zu mir.« Diese Erfahrung würde ich nicht wieder vergessen.

Zurück in meinem Alltag in Hamburg, merkte ich schnell, dass vieles anders war. Durch meine Weiterentwicklung stellte ich mir plötzlich ganz andere Fragen: Ist meine Partnerin noch die richtige? Möchte ich wirklich in Hamburg leben?

Je mehr Zeit verging, desto deutlicher spürte ich, dass dieser Abschnitt zu Ende ging. Es war, als würde sich nach einer aufregenden Szene im Theater der Vorhang langsam schließen, bereit, den nächsten Akt zu eröffnen.

Fernab jeglicher Logik war da immer noch diese innere Stimme, die mir weismachen wollte, tatsächlich an den Bodensee zu ziehen. Einfach irgendwo hinziehen, wo ich noch nie war?

Meinem Verstand erschien das Ganze wie eine Schnapsidee, die zum Scheitern verurteilt war, aber mein Herz wurde lauter und lauter. Schließlich gewann es die Oberhand; und das Gute daran, wenn man eine Krise durchlebt hat, ist, dass man die Dinge entspannter sieht. Ich dachte mir: »Hey, ich bin ja bereits durch die Hölle gegangen, was soll mir also noch groß passieren?« Und obwohl ich nicht wusste, was mich erwarten würde, ich niemanden am Bodensee kannte, nicht viel Geld in der Tasche hatte und auch noch nicht hundertprozentig stabil war, dachte ich mir: »Scheiß drauf. Let's go!«

Ich trennte mich von meiner Freundin, ließ so gut wie alles zurück und stieg in den Zug Richtung Bodensee.

Der Neubeginn

»Gehe mutig den ersten Schritt, und das Leben wird dich belohnen.« Dieser Spruch beschreibt ziemlich genau, was ich in der ersten Zeit am Bodensee erlebte. Von Anfang an war eine gewisse Magie mit im Spiel, und die Dinge fügten sich zu meinen Gunsten. Ziele, die andere Menschen für schwierig zu erreichen hielten, flogen mir einfach so zu. Ich kann mich noch gut an eine Konversation erinnern, die ich mit einem der ersten Menschen in meiner neuen Heimat, Lindau am Bodensee, führte:

»Wir sind hier ein eingeschworenes Volk. Man findet hier nicht so leicht Freunde.« – Einige Wochen später hatte ich bereits zahlreiche neue Freundschaften geknüpft mit Menschen, die mit mir auf einer Wellenlänge schwangen.

»Der Arbeitsmarkt hier ist alles andere als leicht. Viel Spaß bei der Jobsuche.« – Bereits kurze Zeit nach meiner Ankunft fand ich wie durch Zauberhand einen gut bezahlten Job in einem Café direkt an der berühmten Lindauer Hafeneinfahrt, in dem ich sofort eine leitende Position übernehmen konnte.

»Du weißt aber schon, dass es so gut wie unmöglich ist, hier eine Wohnung zu finden?« – Und auch hier fügten sich die Dinge. In Lindau begann ich, mich in einem Verein zu engagieren, der Kinder wieder den Umgang mit der Natur lehrt. Der Vereinssitz war ein wundervoller Bauernhof mit einem riesengroßen Garten, mitten im Herz von Lindau. Nach einigen Wochen wurde mir angeboten, dort einzuziehen, um ein Auge auf den Hof zu haben. Ich durfte dort kostenlos wohnen im Ausgleich für mein soziales Engagement. Ein absolutes Wunder!

Es war ein tolles Gefühl. Diese Verkettung glücklicher Ereignisse gab mir die Gewissheit, auf dem richtigen Weg zu sein. Ich glitt nur so durchs Leben. Doch so schön die erste Zeit am Bodensee auch war, tief in mir wusste ich, dass noch etwas fehlte. Obwohl es mir schon so viel besser ging und ich um einiges stabiler war, war ich noch nicht geheilt.

Auch das Thema »Beruf« hatte ich noch nicht in Angriff genommen. Ja, ich hatte einen Job, aber mir war damals schon bewusst, dass ich mich als Therapeut selbstständig machen wollte. Schließlich hatte ich ja auch meine Ausbildung in der Klopftechnik erfolgreich absolviert. Aber dieses Ziel schien noch in weiter Ferne, und freiwillig wollte ich mich um diese Sachen erst einmal nicht kümmern. Schließlich hatte ich so eine harte Zeit durchgemacht und wollte erst einmal aufatmen.

Doch scheinbar ist meine Seele an Wachstum interessiert, denn kurz darauf sollte mich das Leben selbst erneut in einen tiefen Prozess werfen.

Die große Prüfung

Zufrieden mit meinem Leben und der Ruhe, die nach meinem großen Sturm in Hamburg einkehrte, schlenderte ich leichtfüßig durch die engen Gassen auf der Lindauer Insel, als es mich in ein Geschäft am Ende der Straße zog. Ohne großartig zu überlegen, ging ich einfach hinein und sah mich um. Sofort fiel mir die Inhaberin auf, die seitlich zu mir stand und mit einem Kunden sprach. Plötzlich wandte sie sich mir zu, und wir schauten uns in die Augen. Für einen kurzen Moment verschwamm alles um mich herum, und es war, als würden Zeit und Raum nicht mehr existieren. Diese Augen hypnotisierten mich, und ich hatte auf komische Art das Gefühl, mir selbst in die Augen zu blicken. Bei ihr hatte ich prompt dasselbe Gefühl wie damals, als ich auf Basketball, die Klopftechnik und den Bodensee gestoßen war … multipliziert mal tausend.

Von einer leichten Peinlichkeit auf beiden Seiten berührt, tauschten wir nach einem kurzen Gespräch Nummern aus. Die Anziehung zwischen uns war so stark, dass wir bereits am selben Abend ein Paar wurden.

»Wow, was für ein Geschenk des Himmels!«, dachte ich mir zu Beginn. So zügig wieder eine Freundin hier zu haben, würde mein neues Leben komplett machen. Und die erste Zeit fühlte es sich auch genauso an. Wir verbrachten viel Zeit miteinander, fühlten uns ganz tief verbunden und konnten förmlich gegenseitig unsere Sätze vervollständigen. So etwas hatte ich noch nie zuvor erlebt.

Das Besondere an uns: Einerseits waren wir uns so ähnlich und andererseits so verschieden. Während ich zum Beispiel sofort mein Herz öffnen konnte und fast schon zu viel für sie da war, hatte sie immer wieder Probleme mit Nähe. Und während sie ganz allein ein erfolgreiches Geschäft aufgebaut hatte und ihren Traum lebte, jobbte ich immer noch in einem Café.

Es kam schließlich, wie es wohl kommen musste. Nachdem sie immer wieder geäußert hatte, dass ihr unsere Beziehung zu nah ginge, zog sie sich immer mehr zurück, bis sie es schließlich ganz beendete. Zuerst wollte ich es gar nicht wahrhaben. »Wie kann sie etwas, das so perfekt war, einfach wegwerfen? Das macht keinen Sinn.«

Mein Kämpferinstinkt wurde geweckt, und ich gab alles, um sie davon zu überzeugen, dass es doch funktionieren könnte. Doch vergebens. Es trieb sie nur noch mehr von mir weg. So stark, dass sie nach wenigen Wochen bereits einen Neuen hatte. Spätestens jetzt sickerte es langsam bei mir durch: Ich hatte sie verloren.

Den Abend, als ich sie Hand in Hand mit ihrem neuen Partner sah, zerriss es mir das Herz. Tränenüberströmt schaute ich in den Himmel, als ob ich sagen würde: »Wollt ihr da oben mich eigentlich verarschen? Womit habe ich das verdient?«

Die anfängliche Wut über das Geschehene verflog recht schnell, und ich stürzte ein weiteres Mal in ein riesengroßes Loch. Ich vermisste die tiefe Liebe und Annahme, die ich durch meine verlorene Partnerin gespürt und nach der ich schon als Kind vergeblich gesucht hatte. Sie hatte mich vervollständigt. Auch wenn ich selbst zum Beispiel noch nicht meine Berufung lebte, mit ihr an meiner Seite war es so, als würde ich es durch sie mit leben.

Wochenlang war ich in einem tiefen Schmerz gefangen. Mir ging es sogar noch schlechter als in meiner heißesten Phase in Hamburg, was ich niemals für möglich gehalten hätte. Aber an einer entscheidenden Sache konnte ich mich festhalten. Ich hatte es schon einmal geschafft, aus einer tiefen Krise emporzusteigen, und bereits damals die Erfahrung gemacht, dass es mich weiterbrachte. Was könnte also diesmal der Gewinn an der Sache sein?

Mein Mindset änderte sich schlagartig. Ich begann, die Herausforderung darin zu sehen. Und nach Tagen der Recherche und Reflexion fiel es mir schließlich wie Schuppen von den Augen. Genau genommen vermisste ich nämlich nicht sie, sondern nur das Gefühl, mit ihr vollständig zu sein. Sie war mein Spiegel! Sie hatte alle Anteile in sich, die mir noch fehlten, um in mir selbst vollständig zu sein! Ich durchschaute, dass die Trennung hatte passieren müssen, um mir genau das aufzuzeigen. Plötzlich konnte ich die Riesenchance hinter diesem schmerzhaften Erlebnis sehen und legte los.

Ein weiteres Mal suchte ich mir Hilfe, und obwohl es sehr anstrengend war, ging ich wahre Meilensteine vorwärts. Ich war bereit, meine Schatztruhe im Inneren endgültig wieder zu öffnen. Und meine Ex-Freundin hatte mir als Spiegel und Trigger den Weg dorthin gezeigt. Es war, als wäre sie die Landkarte, die mir den Weg nach innen wies, zurück zu meinem wahren Ich.

Ausgelöst durch den tiefen Schmerz der Trennung und die Liebe, die ich nicht mehr von ihr erhielt, fand ich heraus, dass es eigentlich die Trennung von mir selbst war und mangelnde Selbstliebe, die mich leiden ließen. Ich grub mich hindurch und fand mich und meine Selbstliebe in der Schatztruhe. Anteil für Anteil holte ich mir zurück und fühlte mehr und mehr die Erfüllung in mir.

Einer der letzten Anteile, die ich in meiner inneren Schatztruhe fand, war meine Lebensaufgabe. Vorbei an tiefen Selbstzweifeln und dem Gefühl, wertlos zu sein, verband ich mich auch mit diesem Anteil meiner selbst. Es sollte das Zünglein an der Waage sein. Nun zu fühlen, wer ich wirklich bin und warum ich hier auf dieser Welt weile, gab mir eine unglaubliche Kraft und das tiefe Empfinden aus mir selbst heraus, vollständig zu sein. Nichts im Außen konnte mir mehr das geben, was ich nun nicht schon im Inneren hatte. Und es war schön, aus tiefstem Inneren zu fühlen, dass ich Menschen helfen wollte, auch ihren Weg zu sich und ihrem wahren Ich zu gehen. Es war wie eine sprudelnde, niemals versiegende Quelle in meinem Inneren, die mich fortan antrieb und mich Dinge tun ließ, die ich nicht für möglich gehalten hatte.

Mein Leben mit meinem wahren Ich

Ich war endlich in meiner Mitte angekommen. Dieses neue Lebensgefühl wollte ich erst einmal voll auskosten, sodass ich mich eine Weile komplett zurückzog und allein in der Natur lebte. Ich wurde still. Ich konnte im Hier und Jetzt sein, der Verstand, der sonst immer so laut war und mich überzeugen wollte, dies und das zu tun, wurde leiser und leiser. Aus dieser Stille heraus konnte ich die Stimme in meinem Inneren hören und bekam immer mehr Impulse und Ideen.

Zurück im Alltag, begann ich mit der Umsetzung meiner Berufung. Das Schöne daran war, ich musste mir nicht einmal großartig Ziele setzen. Diese innere Stimme, die nun mein ständiger Begleiter war, gab mir immer die richtigen Impulse für den nächsten Schritt.

Sie sagte: Beginne, Menschen mit Einzelsitzungen zu begleiten, und ich tat es. Sie sagte: Kreiere eine Website, und ich setzte es um. Sie sagte: Fang an, Seminare zu geben, und ich folgte. Jeder Schritt baute auf dem anderen auf und war von Erfolg gekrönt, was mich ein immer größeres Vertrauen in den Fluss des Lebens hat fassen lassen. Manchmal kamen Ideen, die mir kurz dann doch noch mal kurz Angst machten, wie zum Beispiel Seminare zu halten und somit ganz allein vor Menschen zu sprechen. Aber auch diese konnte ich schnell lösen, denn das hatte ich ja gelernt. Und siehe da, ich liebte es vom ersten Moment an und hätte am liebsten täglich eins gehalten.

Heute, sechs Jahre später, durfte ich schon Tausende Menschen durch meine Arbeit erreichen, was mich mit tiefer Dankbarkeit und Demut erfüllt.

Mit der Vergangenheit bin ich in Frieden, denn während ich früher oft dachte, dass mit mir etwas nicht stimmte, und ich so viele Jahre meines Lebens mit Leiden verschwendete, so weiß ich heute, dass genau das der Grund ist, warum ich nun anderen so gut helfen kann und es mich auf all das vorbereitet hat, was ich heute leben kann.

Nach wie vor fühle ich die Erfüllung in mir, und ich habe das Gefühl, dass mich das Schicksal auch genau deswegen in meiner Außenwelt wundervolle Dinge erleben lässt. Es hat mir eine wundervolle Partnerin an die Seite gestellt, mit der ich einfach ich sein kann und mit der ich gemeinsam wachsen kann. Während ich diese Zeilen schreibe, sitzt unser Hund neben mir, und ich blicke aus unserer schönen Wohnung, die uns das Leben wie durch Magie geschenkt hat, direkt auf den Bodensee. Doch so schön es auch ist, nichts im Außen kann mir das geben, was ich nicht schon im Inneren gefunden habe.

Und so kannst du dir sicher sein, dass, wenn ich diesen Abschnitt des Buches fertig geschrieben habe, ich mich ein weiteres Mal ans Wasser setzen werde, in die Ferne blickend mit einem Schmunzeln im Gesicht, während ich daran denke, wie du dieses Buch in der Hand hältst und es dir helfen wird.

Vielleicht denkst du dir jetzt: »Oh mein Gott! Jahrelang hat dieser Typ in der Krise verbracht, bis er sich fand. Darauf hab ich ja gar keinen Bock.« An der Stelle kann ich dich beruhigen. Langes Leid ist nur ein Weg von mehreren, wie du dich schlussendlich wieder mit deinem wahren Ich und deiner Seele verbinden kannst. Es kommt auf das Bewusstsein an und die richtigen Werkzeuge. Beides wirst du in diesem Buch erhalten. Außerdem geht mit der aktuellen Zeitqualität, auf die wir in diesem Buch auch noch genauer eingehen werden, sowieso alles viel schneller.

Der Weg des Menschen zurück zum wahren Ich

Bevor wir uns in diesem Buch dem Thema widmen, wie du dich mit deinem wahren Ich und deiner Seele verbindest, lohnt es sich, erst einmal zu beleuchten, wo wir denn überhaupt herkommen: Wo ist der Ursprung, und was ist der Grund, dass du in dieses Leben geworfen wurdest, um jetzt genau an diesem Punkt zu stehen?

Die Frage nach dem Sinn des Lebens und wie alles begann, ist eine Frage, die uns Menschen schon seit Jahrtausenden beschäftigt. Viele Religionen sind dadurch entstanden, und sogar Kriege wurden geführt, die sich darum drehten, wer denn nun recht hat. Was jedoch so gut wie alle Religionen gemeinsam haben, ist der Glaube, dass wir einer höheren Macht oder Quelle entsprungen sind.

Auch für mich war der tiefere Sinn hinter allem schon immer ein sehr interessantes Thema. Früher habe ich öfter mal abends hoch in die Sterne geblickt und darüber nachgedacht, wo ich eigentlich herkomme und ob mein Leben ein reiner Zufall ist. Für mich war der Gedanke nicht plausibel, dass mein

Körper und ich ein reines Zufallsprodukt sind und ich einfach so, ohne Grund, auf diesem Planeten ausgesetzt wurde.

Hast du dir auch schon diese Fragen gestellt?

Lange Zeit konnte ich mir die Antworten nicht geben, bis ich sie in Büchern fand. Als ich über den Ursprung der Seele und die verschiedenen Inkarnationen, die man durchlebt, recherchierte, bekam ich viele Einsichten, die für mich einen Sinn ergaben. Aber all die Informationen, die ich sammelte, waren nichts im Vergleich zu dem Abend, als ich am eigenen Leib erfuhr, wie alles zusammenhängt.

Vor einigen Jahren nahm ich an einer schamanischen Zeremonie teil, bei der die Teilnehmer durch Musik und Heilpflanzen in einen tiefen meditativen Zustand geführt wurden. Zu Beginn hab ich die Sache noch etwas belächelt und dachte mir: »Na, da bin ich ja mal gespannt, was die Dame mit dem komischen Federgewand hier so mit uns vorhat.« Doch als das Event zu Ende ging, schaute ich ganz baff und sagte eher so was wie: »Heiliger Bimbam, was war denn das!?«

Was war passiert? Wir wurden in der Zeremonie Schritt für Schritt in einen tiefen Entspannungszustand geführt, und mit jeder Minute merkte ich, wie mein Verstand stiller wurde und ich die Kontrolle abgeben konnte. Und dann passierte es. Mit einem Mal schoss ich aus meinem Körper hinaus und begann, mich von oben zu betrachten. Ich ging auf eine Art außerkörperliche Reise. Ganz leicht und sorgenfrei surfte ich durchs gesamte Universum und hatte das Gefühl, dass Zeit gar nicht existiert. Überall waren die hellsten und buntesten Lichter, und ich hatte die Empfindung, alles Wissen der Welt mit einem Fingerschnips abrufen zu können. Es war ziemlich cool, so durchs Universum zu cruisen.

Diese verrückte Reise gipfelte schließlich darin, dass ich plötzlich mein eigenes Gesicht vor mir sah. In diesem Moment hatte ich das Gefühl, mir wirklich zu begegnen. Als Nächstes flackerte das Bild vor mir, wie wenn ein Fernsehprogramm kurz mal keinen Empfang hat, und wandelte sich zu einem anderen Gesicht. Ein paar Momente später … wieder ein anderes Gesicht. Wie wenn man ein selbstgemaltes Comic schnell, Seite für Seite, über seinen Daumen gleiten lässt, sah ich innerhalb von Sekunden Hunderte, ja, vielleicht sogar Tausende Gesichter vor mir ablaufen.

In mir spürte ich ganz deutlich, dass all diese Gesichter meine waren, nur nicht aus diesem Leben. Es wurde mir schlagartig bewusst, dass meine Seele unendlich ist, schon sehr viele Inkarnationen hinter sich hat und ein bestimmtes Ziel verfolgt.

Das war ein Wahnsinnserlebnis, das ich fortan immer in meinem Herzen trug und immer noch trage. Es hat für mich noch einmal bestätigt, was ich zwar schon aus Büchern wusste, woran ich aber bis kurz zuvor immer noch gezweifelt hatte: dass es real ist.

Wenn die Seele sich entscheidet, Mensch zu sein

Manchmal denkt man sich schon, welcher »Freak« sich dieses Konzept ausgedacht hat, hier auf der Erde als Mensch ausgesetzt zu werden, ausgestattet mit einem Körper und all den Gefühlen. Doch wenn man erst einmal begriffen hat, wie tief das Wunder der ganzen Schöpfung geht, wie alles miteinander zusammenhängt und welchem Zweck es schlussendlich dient, kommt man aus dem Staunen nicht mehr heraus.

Was bewegt unsere Seele überhaupt, hier als Mensch zu inkarnieren, und was hat sie davon?

Stell dir einfach spaßeshalber mal vor, du bist eine lichtvolle Seele und gleitest den ganzen Tag durch die unendlichen Weiten des Universums und fühlst dich eins mit allem. Alles um dich herum ist hell. Irgendwann merkst du, dass es dir nicht mehr genügt, ja, fast schon langweilig ist, immer nur Licht zu sein. Du nimmst deinen Mut zusammen und suchst das Gespräch mit der Quelle, aus der du entstanden bist.

»Hey, ich muss gestehen, irgendwie ist es langsam öde geworden, einfach immer nur Licht zu sein.«

Quelle: »Was meinst du damit?«

»Na ja, alles um mich herum ist Licht, und ich weiß ja auch, dass ich das Licht bin. Aber kann ich es nicht auch erfahren und fühlen, dass ich Licht bin?«

Quelle: »Ah, jetzt verstehe ich. Dachte schon, du fragst nie. Da hab ich was für dich. Ich werde dir die Möglichkeit geben, als Mensch zu inkarnieren, und ich werde dich mit Dunkelheit umgeben, damit du wirklich erfahren und fühlen kannst, dass du das Licht bist. Wie klingt das für dich?«

»Oh, wow, das klingt spannend, worauf warten wir noch?«

Quelle: »Es gibt da nur noch eine Kleinigkeit, die du wissen musst. Damit die Sache wirklich funktioniert, wirst du als Mensch auf der Erde vergessen, wo du eigentlich herkommst. Ich hoffe, das ist okay für dich?«

»Ja, das ist kein Problem. Erde, ich kommeeeee …«

Das Spiel des Lebens

Wir alle sind Seelen und inkarnieren als Menschen, um Erfahrungen zu machen und zu wachsen. Die Erde dient uns hierbei als unser Spiel- und Lernfeld. Wir gehen durch den Kanal des Vergessens und nehmen uns als getrennt von der Einheit wahr, aus der wir kommen. Damit wir unsere Erfahrungen machen können, dient uns die hier auf Erden herrschende Dualität: Für alles gibt es ein Gegenteil. Es gibt Licht und Schatten, Oben und Unten, Hass und Vergebung und so weiter.

Diese polare Gegebenheit ist unerlässlich, denn wir können eine Sache nur in der Tiefe begreifen, wenn wir ihr Gegenteil kennen. Wir könnten Freude nicht verstehen, ohne das Leid zu kennen, und Heißes nicht ohne Kaltes spüren.

Angenommen, die Seele möchte in einem bestimmten Leben Vergebung lernen, so wird sie uns zum Beispiel eine Erfahrung machen lassen, in der ein anderer Mensch uns tief verletzt und enttäuscht. Nur durch diese Erfahrung kannst du in der Tiefe begreifen und lernen, was Vergebung ist, an der du wächst. Oft muss eben erst das Gegenteil von dem, was wir lernen wollen, eintreten – tiefer Kummer oder ein Gefühl der Ohnmacht –, um gestärkt aus dieser Situation hervorzugehen. Diese Tatsache kann dir bereits jetzt, zu Anfang des Buches, ein erstes Indiz dafür liefern, warum stürmische Zeiten in deinem Leben dir helfen, zu deinem wahren Ich und deiner Seele zu finden. Und so sammelt die Seele, Leben für Leben, ihre Erfahrungen und wächst daraus, reift heran, um dann irgendwann erneut vor den Schöpfer zu treten.

»Okay, ich glaube, ich habe nun so gut wie alles erlebt und erfahren. Ich war Mann und Frau, ich war Opfer und Täter, ich habe geliebt, und ich habe gehasst. Ich war reich, und ich war arm.«

Quelle: »Wow, wie ich sehe, warst du sehr fleißig. Ich bin sehr stolz auf dich. Ohne Zweifel, du bist nun eine reife Seele geworden. Ich habe da noch ein besonderes Schmankerl für dich. Du bist nun reif genug, um dich in deinem nächsten Leben als Mensch komplett daran zu erinnern, wer du wirklich bist. Ich werde dich noch einmal mit viel Dunkelheit umgeben, damit wir auch wirklich sichergehen können, dass du dich erinnerst, dass du das Licht bist. Ich will dir nichts vormachen, es wird nicht ganz einfach werden, aber es wird sich toll anfühlen, wenn du dich da unten als Mensch voll und ganz an die Einheit erinnern wirst, aus der du kommst. Bist du bereit?«

Wenn dich dieses Buch gefunden hat, dann ist die Wahrscheinlichkeit hoch, dass du genau an diesem Punkt stehst. Ansonsten würdest du dich gar nicht so stark für diese Themen interessieren. Ein Meilenstein auf deiner großen Seelenreise wartet auf dich.

Lass uns nun das Spiel des Lebens noch genauer betrachten.

Wenn Licht zu Schatten wird

Sicher kennst du aus der Bibel den Spruch: »Wenn ihr nicht umkehrt und werdet wie die Kinder, dann könnt ihr nicht in das Himmelreich kommen«. Solange wir noch ganz klein sind, wohnt uns die Fähigkeit inne, glücklich und erfüllt aus uns selbst heraus zu strahlen, vollkommen präsent im Hier und Jetzt und mit unserem wahren Ich verbunden. Doch schon früh erleben wir die ersten Verletzungen und merken vielfach, dass uns nicht genügend Liebe und Aufmerksamkeit zuteilwird. Außerdem fühlen wir uns nicht als das wahrgenommen, was wir wirklich sind. Da uns diese Erlebnisse als zu schmerzhaft erscheinen oder sie zum Beispiel durch unsere Eltern oft auch nicht erlaubt sind, sodass wir sie annehmen und fühlen könnten, verdrängen wir sie.

Lass mich dir anhand des Schatztruhen-Modells – ein Bild, das ich schon verwendet habe –, zeigen, wie dies vonstattengeht.

Stell dir vor, jemand treibt mit einem Floß über das Wasser und man würde dieser Person eine unglaublich schwere, verschlossene Schatztruhe, in der sinnbildlich eine emotionale Verletzung liegt, in die Hand geben. Sie wiegt zu schwer, als dass er sie tragen könnte. Da auch das Floß zu klein ist und die Person unterzugehen droht, scheint ihr nichts anderes übrigzubleiben, als sie ins Wasser, welches das Unterbewusstsein repräsentiert, sinken zu lassen. Sie beobachtet, wie die Schatztruhe so tief sinkt, dass sie sie aus den Augen verliert und ihr ab sofort im Verborgenen bleibt.

Mit jedem Anteil unserer selbst, den wir in den Schatten, in unser Unterbewusstsein verdrängen, trennen wir uns mehr und mehr von unserem wahren Ich ab.

Die Geburt des Egos

Auch wenn wir gern so tun würden, als hätte es diese Verletzungen nie gegeben, leben sie dennoch im Verborgenen weiter, und sie brauchen etwas, das auf sie aufpasst. Unser falsches Selbst, das Ego, entsteht, mit dem Auftrag, uns zu beschützen vor all den Dingen, die wir nicht auszuhalten glauben und verdrängt haben.

Damit es für dich etwas greifbarer wird, wie das Ego geboren wird und wie es funktioniert, gehen wir noch einmal zum »Schatztruhen-Modell«:

Jedes Mal, wenn wir durch schmerzhafte Erlebnisse Anteile unserer selbst zu verdrängen beginnen, ist es, als würden wir einen Teil unseres lichtvollen Goldschatzes in eine Schatztruhe legen und diese fest verschließen. Die Schatztruhe sinkt hinab in die Tiefen des Meeres bis zum Grund. So tief, dass wir sogar vergessen, dass die Truhe überhaupt existiert. Je größer die Verletzung und der Anteil, den wir verdrängen, desto größer auch der lichtvolle Goldschatz und die dazugehörige Schatztruhe.

Im Laufe unseres Lebens sammeln sich Hunderte oder sogar Tausende große und kleine Schatztruhen auf dem Grund des Meeres. Doch auch wenn sie gut versteckt so tief auf dem Meeresgrund liegen, könnten sie dennoch entdeckt werden. Sie brauchen Wächter, die sicherstellen, dass die Schatztruhe bleibt, wo sie ist, und auf keinen Fall geöffnet wird. Und so wird jeder Schatztruhe ein Hai als Wächter an die Seite gestellt, der fortan über sie wacht (wobei der Hai jeweils einen Ego-Anteil repräsentiert). Bildlich kannst du es dir so vorstellen, als würde ein Schwarm von Tausenden von Haien, die untereinander perfekt vernetzt sind, permanent um all die Schatztruhen schwimmen und auf sie aufpassen. Die Sache mit diesen Haien ist, sie haben sehr viel Hunger. Die ganze Aufpasserei braucht viel Energie, und so sind sie permanent unruhig und auf der Suche nach Nahrung. Denn die größte Angst des Egos ist es, dass jemand hinabtaucht und die Schatztruhe entdeckt.

Ich mag dieses Modell, denn es beschreibt so anschaulich, wie unser Ego funktioniert. Es ist faszinierend und erschreckend zugleich, wie das Ego unser Leben zu beeinflussen beginnt.

Unser Ego wird also geboren aus all den Dingen, die wir nicht bewusst fühlen oder anerkennen wollen. Es erklärt sich frech als Oberhaupt unseres Wesens, übernimmt die Kontrolle und bestimmt aus dem Hintergrund unser Leben. Außer der Aufgabe, uns mit Vermeidungsstrategien zu beschützen, verfolgt es noch ein weiteres Ziel. Da das Ego ja ein Ergebnis der Trennung von Anteilen ist, die uns innewohnen, so braucht es, um sich selbst am Leben zu halten, Nahrung im Außen. Und eines ist gewiss: Es ist nie lange satt.

Wenn also ein Mensch in seiner Kindheit Ablehnung erfahren hat und er die dazugehörigen Schmerzen in die Tiefen seines Unterbewusstseins verdrängt, beginnt sein Ego mit Vermeidungsstrategien wie zum Beispiel der Flucht aus Situationen, in denen man abgelehnt werden könnte, ihn zu beschützen. Das Ego versucht ab sofort, das Gefühl der Annahme im Außen etwa durch den Partner zu bekommen. Aufgrund dessen ist es uns schon nicht mehr möglich, das Hier und Jetzt zu genießen, da das Ego uns im Hintergrund permanent an vergangene Situationen erinnert, in denen wir abgelehnt wurden, um uns zu warnen und uns gleichzeitig zu überreden, nach Annahme in der Zukunft zu suchen.

Doch nicht nur das. Um abzuschätzen, ob Ablehnung droht oder Annahme wartet, bewertet das Ego sämtliche Lebenssituationen oder Menschen als gut oder schlecht, positiv oder negativ. Diese Tatsache hält den Ego-Verstand permanent am Rattern, und somit wird auch klar, warum das Hier und Jetzt der größte Feind des Ego ist, denn dort kann es schlichtweg nicht existieren.

Lass uns nun das komplexe Wirken des Egos und wie es aus dem Hintergrund unser Leben steuert, noch einmal an einem wahren Beispiel beleuchten.

Anitas Geschichte

Anita war schon von Geburt an sehr sensibel und hat, seit sie denken kann, ihre Eltern förmlich vergöttert, so sehr liebte sie sie. Umso mehr zerriss es ihr das Herz, als ihr Vater bereits früh die Familie verließ. Der Schmerz, verlassen worden zu sein, war so groß, dass ihr nichts anderes übrig blieb, als ihn ganz tief zu verdrängen.

Sofort zur Stelle, betrat ihr Ego die Bühne und flüsterte ihr ins Ohr: »Sei unbesorgt, ich werde dich beschützen. Ich werde dafür sorgen, dass du dich nie wieder so verlassen fühlen musst. Wir werden uns ab sofort einfach ganz angepasst und brav anderen Menschen gegenüber verhalten, sodass sie uns nicht verlassen. Dadurch wirst du auch immer ein tolles Gefühl der Sicherheit von ihnen bekommen, weswegen du dein Verlassenheitsgefühl gar nicht spüren wirst. Auch ich bekomme durch die Sicherheit im Außen genug Nahrung, um dich stets beschützen zu können.«

Mit ihrem Ego an ihrer Seite konnte Anita weiter durchs Leben gehen. Doch die nächste Verletzung wartete schon. Ihre Mutter war von der Trennung von ihrem Mann so getroffen, dass sie fortan nur noch wenig Liebe und Aufmerksamkeit für Anita übrighatte. Diesmal stieg ein überwältigendes Gefühl der Wertlosigkeit in ihr auf, das so schwer erträglich für sie war, dass sie auch dieses Gefühl abspaltete und verdrängte.

Und wieder meldete sich prompt ihr Ego zu Wort: »Kein Problem, ich werde dich auch vor diesem Gefühl beschützen. Wenn uns ab sofort irgendjemand droht, uns an unsere Wertlosigkeit zu erinnern, verkriechen wir uns einfach. Aber ich werde alles tun, damit es gar nicht erst so weit kommt. Wir werden uns so verhalten, dass die anderen uns als wertvoll sehen. Durch die Wertschätzung, die du von ihnen bekommst, wirst du dich toll fühlen, und ich habe genug Nahrung und Energie, um dich zu beschützen.«

Und so war Anita gerüstet für ihr Leben. Mit dem Ego an ihrer Seite schien ihr nichts passieren zu können, und in wichtigen Momenten meldete es sich zuverlässig zu Wort. So auch, als sie ihren ersten Partner kennenlernte. Obwohl sie ihn noch nicht gut kannte und sich auch nicht sicher war, ob sie überhaupt zusammenpassten und sie sich verliebt hatte, meldete sich ihr Ego schnell zu Wort: »Hey, Anita, lass uns mit ihm zusammenkommen. Er wird uns Geborgenheit geben, sodass du dich niemals verlassen fühlen musst, das wollen wir doch auf keinen Fall. Und wenn wir nicht jetzt Ja zu ihm sagen, merkt er vielleicht, dass wir nicht wertvoll sind.«

Nun ging Anita ihre Beziehung ein. Sie verhielt sich stets brav und tat alles für ihren Mann, um nicht verlassen zu werden und um Wertschätzung von ihm zu bekommen. Obwohl sie für ihr Leben gern gesungen hatte und früher Unterricht nahm, hörte sie nun damit auf, weil ihr Mann das nicht gut fand. »Ja, lass uns mit dem Singen aufhören, sonst werden wir noch verlassen, und wertgeschätzt werden wir eh nicht«, flüsterte ihr Ego.

Auch in ihrem Berufsleben stand das Ego ihr mit Rat und Tat zur Seite. Obwohl sie die Natur so liebte und sich früher immer vorgenommen hatte, einen Job an der frischen Luft anzutreten, fand sie auf Anhieb keinen. Ihre Eltern und ihr Partner rieten ihr sowieso, lieber einen soliden Job in einem Büro zu machen. »Ja, lass uns den sicheren Job annehmen, sonst stehen wir irgendwann ohne da. Außerdem sind wir für etwas anderes sowieso nicht gut genug«, sprach ihr Ego erneut zu ihr.

Als sie mit der Arbeit begann, merkte sie recht schnell, dass ihr Chef sie leider gar nicht gut behandelte und sie oft Überstunden machen musste. Aber das nahm sie gerne in Kauf, schließlich war sie in Sicherheit, und ab und zu gab es ja doch mal ein Lob. Und so vergingen die Jahre. Anita lernte, sich immer weiter den Umständen anzupassen. Auch als ihr Mann zum Alkoholiker wurde und immer häufiger aggressiv zu ihr war, so war bis zuletzt ihr Ego zur Stelle.

Ab und zu nahm sie sich eine kurze Auszeit und blickte auf den See. Sie konnte es wenige Minuten genießen, bevor ihr Ego ein weiteres Mal dazwischenfunkte. »Lass uns schnell wieder nach Hause gehen, sonst werden wir verlassen.«

Zur vereinfachten Darstellung habe ich in diesem Beispiel nur ein paar Egomuster beschrieben. In Wahrheit haben wir sehr viel mehr verdrängte Themen und Muster in uns, die das Ego zu einem hochkomplexen Konstrukt werden lassen. Aber weißt du, was das wirklich Verrückte ist? Die allermeisten Menschen da draußen leben genau solch ein Leben. Gefangen im Ego. Und wenn man in Betracht zieht, wie massiv unser Ego unser Verhalten und denken bestimmt, dann sind die meisten Menschen tatsächlich »ein Schatten ihrer selbst«: Sie sitzen am Meer, während sie an nächste Woche denken. Sie können die schönen Momente mit ihrem Partner nicht genießen, weil sie auf der Hut sind, nicht verletzt zu werden. Sie suchen ihr Glück in materiellen Dingen, um die Leere in sich zu füllen, obwohl es nur von kurzer Dauer ist.

Das Ego ist so komplex und clever, dass es äußerst schwierig ist, es zu entlarven. Die meisten Menschen träumen ihr Leben lang den Traum des Egos, ohne wirklich jemals richtig gelebt zu haben. Sie merken nicht, dass der Schatz eigentlich im Inneren wartet. Doch du zum Glück schon, und im nächsten Abschnitt erfährst du, wie das Ego durchbrochen werden kann.

Wichtige Learnings zum Ego

- Jedes Mal, wenn wir etwas verdrängen, bleibt für diesen Anteil die Zeit stehen, und er wartet insgeheim auf Erlösung. Das Ego beschützt uns vor den Schmerzen.
- Das Ego existiert in Vergangenheit und Zukunft. Das Hier und Jetzt ist sein größter Feind.
- Es sieht sich als getrennt an und bewertet deshalb in Gut und Schlecht.

- Das Ego ist ein sehr schlechter Kompromiss. Es will uns durch seine Vermeidungsstrategien und den Versuch, Erfüllung im Außen zu finden, schmerzfrei und »glücklich« durchs Leben führen.

Die Rolle der Seele

Keine Frage, das Ego hat sich ein perfektes Konstrukt geschaffen mit vielen Schutzmechanismen und Taktiken. Es ist die perfekte Maschinerie, um sich selbst zu erhalten und niemals entlarvt zu werden als das, was es eigentlich ist: eine Illusion und eine grobe Verzerrung des Lebens. Es braucht eine höhere Macht, um das Ego in die Knie zu zwingen.

Und da kommt unsere Seele ins Spiel. Unsere Seele ist der gutmütige, stille Beobachter an unserer Seite. Ihr ist völlig klar, dass wir im Ego gefangen sind und durch die Trennung in uns den Kontakt zu ihr verloren haben. Und das ist okay für sie, denn sie weiß, dass es zum Spiel des Lebens dazugehört. Und so beobachtet sie uns eine ganze Weile, hält sich zurück und lässt uns unsere Erfahrungen machen. Dann, wenn der Zeitpunkt gekommen ist, beginnt sie, sich zu Wort zu melden.

Sie hat ihre Mittel und Wege dazu und verfolgt ein großes Ziel: Sie möchte Bewusstsein erzeugen. Denn sie weiß, dass der essenziell wichtigste Schritt auf dem Weg, das Ego in die Knie zu zwingen und zurück zum wahren Ich zu finden, ist, dass der Mensch erkennt, dass er träumt und gar nicht er selbst ist. Denn es ist ein Unterschied, ob man einfach nur träumt oder sich bewusst wird, dass man träumt. Und es ist ein Unterschied, ob man einfach nur Angst hat oder sich dessen bewusst wird, dass man Angst hat. Nur durch die Bewusstwerdung kann sich etwas ändern.

Schauen wir uns erneut anhand unseres Schatztruhen-Modells an, wie die Seele ihre Rolle spielt, um Bewusstsein zu erzeugen.

Der Mensch auf dem Floß schwimmt wie gewohnt über das Wasser und sucht wie ferngesteuert immer nach dem nächsten Futter für seine Haie, die ihm permanent aus der Tiefe des Ozeans flüstern, wie hungrig sie doch sind, und ihn bei Gefahr warnen, dass er den Kurs ändern soll. Er hat bisher in seinem Leben den Kurs nie hinterfragt und gelernt, so gut durchs Leben zu kommen. Wenn die Haie ihm geflüstert haben: »Steuer die Aufmerksamkeit von anderen an, da bekommen wir Nahrung«, so hat er es getan.

Wenn die Seele nun einzugreifen beginnt, ändert sie den Kurs und sorgt dafür, dass der Mensch auf dem Floß in irgendeiner Form woandershin fährt und nicht mehr wie gewohnt die Nahrung findet, die er ja bisher immer ganz fleißig an seine Haie verfüttert hat. Plötzlich kann er zum Beispiel nicht mehr wie vorher die Aufmerksamkeit ansteuern, die ja sonst so viel Nahrung abgeworfen hat. Doch nicht nur das, die Seele übernimmt das Ruder auch, um gezielt Situationen anzusteuern, vor denen die Haie immer gewarnt hatten. Wenn die Haie ihn zum Beispiel bisher immer geschickt Situationen, in denen er Ablehnung erfahren könnte, hat umschiffen lassen, übernimmt die Seele und lässt ihn wie auf eine Wand zufahren. Es gibt kein Entrinnen, und er kann nicht weiterfahren.

Der Mensch auf dem Floß wird ganz unruhig. »Irgendwas stimmt nicht. Warum kann ich nicht weiterfahren?« So beginnt er zu hinterfragen: »Was mache ich da eigentlich?« Da er keine Nahrung mehr auf See findet und regelrecht eingekesselt ist, es nicht mehr vor und nicht zurück geht, beginnt er zum ersten Mal, das Wasser anzuschauen, und fragt sich immer mehr, was da unten wohl lauern würde.

Er nimmt allen Mut zusammen und springt. Da er weiß, dass auf dem Wasser mit seinem Floß keine Weiterfahrt möglich ist, ist die einzige Richtung nach unten. Also taucht er tiefer und tiefer, an den Haien vorbei, bis er auf dem Grund des Wassers auf eine Schatztruhe stößt. Zum ersten Mal wird ihm wirklich klar, dass hinter den Haien die versunkenen Schätze liegen, und beginnt sich zu erinnern, was wohl da drinnen sein könnte.

Und ja, so ist es tatsächlich. Freiwillig schauen die wenigsten Menschen in das tiefe Unbekannte in sich. Zu sehr sind sie im Traum des Egos gefangen. Doch unsere Seele schickt uns in unserer Außenwelt Menschen oder Erlebnisse, die uns an die Schatztruhen, also verdrängte Anteile unserer selbst, erinnern wollen.

Gerade wenn wir noch nie zuvor hinabgetaucht sind, braucht es meist stürmische Zeiten, bis wir aufwachen und bereit sind, in uns zu blicken.

Ich werde noch genauer darauf eingehen, wie unsere Seele mit uns kommuniziert, um Bewusstsein zu schaffen und uns dazu zu bewegen, die Erfüllung in uns zu finden. Doch so viel schon mal vorweg: Sie ist äußerst kreativ, wenn es darum geht, ihrer Mission zu folgen; und auch wenn es uns nicht immer schmeckt, sie findet stets Wege, sodass unser gewohntes Spiel im Außen nicht mehr wie gewohnt funktioniert.

Und nein, unsere Seele steht nicht darauf, uns leiden zu sehen. Sie tut immer nur so viel, wie es braucht, um Bewusstsein zu erzeugen, sodass wir den nächsten Schritt in die zum Richtung zum wahren Ich gehen können.

Fortgeschrittene Menschen zum Beispiel sind oft schon so gut mit ihrer Intuition, also der Stimme der Seele, verbunden, dass es gar keine schmerzhaften Manöver der Seele mehr braucht.

Hier noch ein Beispiel aus dem wahren Leben, um zu verdeutlichen, wie unsere Seele mit uns interagiert.

Vincents Geschichte

Vincent war schon immer recht sensibel. In seiner Kindheit hatte er stets ein großes Bedürfnis nach Nähe und Liebe, welche er von seiner Mutter auch in Hülle und Fülle bekam. Doch leider verstarb sie, als er vier Jahre alt war. Sein Herz war gebrochen, und er wusste überhaupt nicht, wie er damit umgehen sollte. Was erschwerend hinzukam, war die Tatsache, dass sein Vater äußerst streng und kein wirklicher Fan von Emotionen war. »Junge, reiß dich zusammen, das Leben muss weitergehen«, sagte er zu Vincent, als er das letzte Mal versuchte, seinen Emotionen zum schmerzhaften Verlust seiner Mutter freien Lauf zu lassen. Ab diesem Zeitpunkt war sein Leben ein anderes.

Schnell lernte er, dass er wenigstens ein kleines bisschen Liebe und Aufmerksamkeit vom Vater bekam, wenn er keine Emotionen zeigte und immer fleißig war. Ein klassischer Fall von Liebe dank Leistung. Also begann er, seine Gefühlswelt zu verdrängen. So stark, dass er gar nicht mehr wusste, dass er überhaupt Gefühle hatte.

Sein Ego übernahm die Kontrolle und flüsterte ihm zu: »Ich werde dich ab sofort beschützen. Keiner wird dich mehr verletzen können, dafür sorge ich. Wir werden dafür sorgen, dass wir immer genug Nahrung bekommen, indem du immer besonders fleißig sein wirst und dadurch mehr als genug Wertschätzung, Liebe und Aufmerksamkeit bekommst. So wirst du gut durchs Leben kommen und nicht wieder so leiden müssen. Du wirst schon sehen.«

Vincent war in der ersten Hälfte seines Lebens ein wahrer Meister in der Umsetzung seiner Taktik. In Partnerschaften, die oft sehr kurzlebig waren, hatte er stets die Oberhand, sodass er nie in die Gefahr kam, verletzt zu werden.

Er suchte sich stets besonders hübsche Frauen aus, die ihn bewunderten, sodass er immer genug Aufmerksamkeit von ihnen bekam. Auch sein Umfeld bewunderte ihn regelmäßig aufgrund der schönen Frauen an seiner Seite, was ihm zusätzlich Bestätigung gab.

Auch im Job war Vincent immer der Überflieger und erbrachte teilweise schier unmenschliche Leistungen. Er hatte es schnell in die Managerriege eines großen Konzerns geschafft und genoss in vollen Zügen das Lob und die viele Anerkennung, die er erntete. Er hatte sein Leben voll im Griff, und er dachte, es würde für immer so weitergehen. Bis zu dem Tag, an dem seine Seele eingriff.

Vincent lernte auf einem Ball eine Frau kennen, die irgendwie anders war als all die Frauen, die er zuvor kennengelernt hatte. Ihr bestechender Blick, die Ausstrahlung und das komische Gefühl, sie schon ewig zu kennen, fesselten ihn sofort. Es lag eine magische Anziehung in der Luft, sodass die beiden sehr schnell intim wurden.

In den ersten Wochen, als sie sich näher kennenlernten, genoss er noch dieses erfrischend neue Gefühl, jemanden zu haben, der ihn so fasziniert. Doch schon bald sollte ihn seine Vergangenheit einholen. Bei den nächsten Treffen spürte er eine starke Enge in seiner Brust, regelrechte Panik stieg auf, und seine Gedanken änderten sich. »Wie konnte ich sie so schnell an mich ranlassen? Was ist, wenn sie mich verletzt und ich die Kontrolle verliere? Das darf ich nicht zulassen.« Im nächsten Moment legte Vincent innerlich einen Schalter um und folgte wieder der Rolle, die er bis zur Perfektion beherrschte. Er wurde eiskalt, und ohne große Erklärung brach er den Kontakt ab.

»Das war knapp«, dachte er sich, während er guter Dinge seinem gewohnten Leben nachging. Eine ganze Zeit lang klappte das auch. Er bekam wie gewohnt Aufmerksamkeit, Lob und Anerkennung von anderen, die ihm Kraft gaben.

Doch eine Sache war anders. Immer wenn es kurz still wurde, musste er plötzlich an diese Frau denken, die er verlassen hatte, und wurde ganz müde dabei. Das schmeckte ihm natürlich gar nicht, denn es drohte, seinen gewohnten Tagesablauf zu beeinflussen. Da Vincent bisher in seinem Leben für alles eine Antwort hatte, entschied er sich, sich ab sofort einfach noch mehr beschäftigt zu halten, um keine in seinen Augen sinnlosen Gedanken an diese Frau mehr zu vergeuden. Also, noch mehr Arbeit, noch mehr Sport, noch mehr Frauen.

Was er zu diesem Zeitpunkt noch nicht wusste: Seine Seele hatte sich längst entschieden. Sie wollte ihm die Erfahrung bieten, zurück zu seinem Herzen zu finden, und sie hatte auch schon einen Plan.

In den folgenden Monaten erlebte Vincent keine leichte Zeit. Auf einmal sagten ihm so gut wie alle Frauen, die er daten wollte, ab. Eine große Energiequelle, die ihm doch immer so viel Aufmerksamkeit zuteilwerden ließ, versiegte. Wieder wurde er müde und musste an diese Frau denken.

»Okay, nächste Taktik«, dachte er sich und stürzte sich in den Sport. Zielstrebig, wie er war, meldete er sich zu einem Marathon an und trainierte wie ein Besessener. Im Wissen um den Weg, der für ihn bestimmt war, schmunzelte seine Seele und sorgte dafür, dass er sich das Bein brach. Schachmatt.

In den folgenden Wochen erlebte Vincent die Abwärtsspirale seines Lebens. Stark beeinträchtigt durch seine Verletzung, brach sein komplettes Gerüst zusammen. Keine Dates, kein Sport, und ja, auf der Arbeit bekam er aufgrund seines Ausfalls auch keine Anerkennung mehr. Seine Quellen waren versiegt. Wie ein Drogensüchtiger, der händeringend nach dem nächsten Schuss sucht, versuchte er mit letzter Kraft, sich abzulenken. Aber er war schon zu müde geworden. Er wird wohl die Nacht nie vergessen, als er völlig hilflos dalag und den Gedanken an diese Frau komplett ausgeliefert war. Auch die Enge in seiner Brust wurde so stark wie ein Vulkan, der endlich ausbrechen will.

Und plötzlich wurde ihm klar: »Verdammt, ich liebe diese Frau!«

Im nächsten Moment weitete es sein Herz, und unkontrolliert schossen sämtliche Gefühle durch seinen Körper. Trauer, Liebe,

Schmerz, begleitet von inneren Bildern seiner Vergangenheit, zeigten sich.

Nun wurde es ihm endlich bewusst. Sein Leben lang hatte er sich vor seinen wirklichen Gefühlen gedrückt, um nicht verletzt zu werden. Erleichterung machte sich in ihm breit, und am nächsten Tag nahm er seinen ganzen Mut zusammen und griff zum Hörer …

Heute lebt Vincent, der ein guter Bekannter von mir ist, mit seiner Partnerin Magdalena seit über drei Jahren zusammen. Mittlerweile haben sie sogar geheiratet und erwarten ihr erstes Kind.

Wie diese Geschichte beschreibt, weiß die Seele, was sie tun muss, um uns zu erwecken und uns zu helfen, Bewusstsein zu erlangen.

Ich finde es immer wieder faszinierend, wie unser Ego und unsere Seele in unserem Leben den Kampf zwischen Licht und Schatten bestreiten. Da dieser Punkt so wichtig ist, möchte ich ihn für dich anhand des »Schachspiel«-Modells beleuchten.

Das Schachspiel von Ego und Seele

Das Ego und die Seele treffen sich auf dem Schachbrett des Lebens und spielen die Partie zwischen Licht und Schatten. Stell dir hierbei das Ego als den scheinbar unbesiegbaren Schachspieler vor. Er bringt selbstsicher seine schwarzen Figuren in Stellung, wobei jede Figur einem Ego-Anteil entspricht. Sein Spiel besteht aus zwei Taktiken. Die erste ist die, eine undurchdringbare Verteidigungslinie zu errichten. Denn niemand soll es schaffen, das, was dahinter lauert, nämlich die verdrängten Anteile, zu entdecken.

Die zweite Taktik besteht darin, die schwarzen Figuren, so gut und so schnell es geht, nach vorn zu bewegen. Denn wie wir schon wissen, braucht das Ego sehr viel Nahrung im Außen, um sich selbst zu erhalten. Deswegen geht es immer darum, sich vorwärts zu bewegen, um immer mehr Nahrung zu bekommen. Wenn es nach dem Ego ginge, so wäre das Schachbrett auch unbegrenzt, denn es ist nie lange zufrieden und braucht immer nur noch mehr.

Die Seele hat in diesem Spiel die weißen Figuren. Sie ist der gütige und geduldige Schachspieler, der nur seine Figuren bewegt, wenn er weiß, dass es an der Zeit ist. Und während das Ego sich für einen unschlagbaren Schach-Supercomputer hält, so ist der Schachspieler der Seele an die Intelligenz der Quelle angebunden. Wenn sie weiß, dass sie an der Reihe ist, setzt sie ihre Figuren so schlau ein, dass das Spiel des Egos gestört wird und Bewusstsein entsteht.

So weit, so gut. Es gibt jedoch noch eine dritte Partei, die im Schachspiel das Bewusstsein repräsentiert. Sie wird in diesem Modell als Lampe dargestellt, die auf das Spielfeld scheint. Am Anfang des Spiels scheint diese Lampe noch sehr dunkel, und das Ziel der Seele ist es, sie heller werden zu lassen.

Das Spiel beginnt

Okay, lass uns nun mal ein typisches Schachspiel von Licht und Schatten durchspielen, und nehmen wir dazu einfach Vincents Fall her.

Der Schachspieler des Egos versucht, mit seiner Verteidigungslinie seine Urwunde der tiefen Verletzung seiner Gefühlswelt zu beschützen. Gleichzeitig zieht der Spieler seine Figuren immer weiter nach vorn, um sinnbildlich Nahrung im Außen zu bekommen. In Vincents Fall Aufmerksamkeit und Anerkennung. Und so beginnt das Spiel. Die Verteidigungslinie aus Kontrolle steht, und der Spieler zieht seine Figuren nach vorn. »Ah, Lob von meinem Chef, wenn ich fleißig bin.« Ein Feld nach vorn. »Oh, eine weitere Frau, die mich bewundert.« Ein Feld nach vorn.

Der Schachspieler der Seele schaut die ganze Zeit gemütlich zu, bis er weiß, dass es an der Zeit ist einzugreifen. Er beginnt geschickt, mit den weißen Spielfiguren seinen Gegner so einzukesseln, dass er nicht mehr weiter vorrücken kann. Doch nicht nur das. Mit seinem intelligenten Spielverständnis schafft es der Schachspieler der Seele, die Verteidigungslinie des Egos zu durchbrechen. Im Fall von Vincent war es die Frau, der er begegnete, die die Linie durchbrach.

Doch gewinnen kann man das Spiel nicht auf dem Spielfeld allein. Und hier kommt die Lampe ins Spiel. Der Schachspieler der Seele kann seinen Gegner stark in die Bedrängnis bringen in der Hoffnung, dass es Bewusstsein erzeugt. In Vincents Fall klappte es wunderbar. Als seine schwarzen Figuren bis zum Gehtnichtmehr eingekesselt waren, ging ihm buchstäblich ein Licht auf. Die Lampe, die das Spielfeld beleuchtet, wurde um ein Vielfaches heller, sodass Vincent erkennen konnte, was gespielt wird, um es zu ändern.

Je weiter entwickelt unsere Seele ist, desto häufiger und intensiver bringt sie die Figuren des Egos in Bedrängnis. Nur wenn die höhere Perspektive eingenommen wird und der Beobachter mehr und mehr merkt, dass das Ganze ein Spiel ist, wird das Ego entlarvt und kann besiegt werden. Die Lampe aus dem Schachmodell, die von oben herabscheint, wird jedes Mal heller, wenn wir unser Ego durchschauen und Bewusstsein entsteht. So hell, dass schlussendlich das Bewusstsein derart ansteigt, dass wir uns vollständig daran erinnern, dass alles eine Illusion ist, wir uns mutig erheben und zum wahren Ich zurückfinden. Wir merken dann, dass wir kein getrenntes Wesen in diesem Körper sind, sondern das reine Bewusstsein, das sich dabei beobachtet, wie es eine menschliche Erfahrung macht.

Wir erkennen, dass alles eins ist und der Weg nur zu beschreiten ist, wenn wir nach innen gehen.

Auch diese Tatsache sollte dich beruhigen, falls du dich gerade in schwierigen Zeiten befindest. Ja, es ist sogar ein Kompliment an dich. Deine Seele mutet dir das alles nur zu, weil sie weiß, dass du das Zeug hast, den Weg nach innen zu meistern.

Die spirituelle Alchemie: Wenn Schatten zu Licht wird

Bisher haben wir schon besprochen, warum unsere Seele als Mensch inkarniert und wie wir durch das Spiel des Lebens Erfahrungen machen und dadurch reifen. Wir haben darüber geredet, wie unser Ego entsteht und unsere Seele versucht, Bewusstsein zu schaffen. Kommen wir nun zum alles entscheidenden Punkt auf der Reise der Seele zurück zum wahren Ich. Es ist der Punkt, an dem wahre Helden geboren werden. Der Punkt, an dem der Schüler zum Meister wird. Es ist der Punkt, an dem spirituelle Alchemie passiert und Blei zu Gold wird. Doch was meine ich damit?

In der Mythologie wurde Alchemie bildlich als ein Vorgang beschrieben, bei dem physisches Blei in Gold verwandelt wird.

Längst nutzt man diesen Prozess auch im spirituellen Sinne, um zu beschreiben, wie sich Menschen ihre verdrängten Anteile bewusst machen und transformieren. Sie verwandeln sozusagen das »Blei« des Egos in das »Gold« des wahren Ichs, also Schatten in Licht. Doch wie erreicht man das?

Die Grundvoraussetzung, um unsere Schatten in Licht zu verwandeln, ist, sich ihrer erst einmal bewusst zu werden. Haben wir das geschafft, wurde schon ein wichtiger Schritt gegangen. Aber es ist nur die halbe Miete. Wenn wir uns bewusst werden, dass eine Schattenseite, wie zum Beispiel eine Angst, in uns wohnt, so ist sie trotzdem noch vorhanden. Der ganz entscheidende, heldenhafte Schritt, um Schatten in Licht zu wandeln, besteht nun darin, eins mit unserer Schattenseite zu werden, sozusagen mit ihr zu verschmelzen. In diesem heiligen Vorgang lassen wir, auf höherer Ebene betrachtet, Licht auf oder besser gesagt durch unsere Schattenseiten scheinen. In Anbetracht dessen hat der Schatten keine Existenzgrundlage mehr und wird in den Zustand gewandelt, aus dem er kam, nämlich zu Licht.

Wenn wir in diesem tiefgreifenden Vorgang bereit sind, alles Verdrängte durchfließen zu lassen und durchzufühlen, kehrt es in die Wahrheit zurück, und die Trennung hebt sich auf. Somit wird noch einmal deutlich, dass das Ego eine reine Illusion ist, an die wir glauben, bis wir soweit sind, eins mit ihm zu werden. Wenn wir zum Beispiel eine Angst vor dem Verlassenwerden in der Tiefe annehmen, eins mit ihr werden und durch uns durchfließen lassen, wandelt sie sich augenblicklich in den ursprünglichen Zustand, nämlich in tiefes Vertrauen. Und so funktioniert das mit all unseren Schattenseiten, wenn wir sie ins Licht rücken: Angst wird zu Vertrauen, Schuld wird zu Vergebung, Neid wird zu Dankbarkeit. Das

Gefühl, wertlos zu sein, ausgelöst durch Situationen im Außen, wird zum Gefühl, wertvoll zu sein, aus dem Inneren heraus. Und so geht es weiter.

Das Tolle dabei ist: Einmal eine Schattenseite in Licht gewandelt, bleibt es so. Gold bleibt Gold.

Und so ist unser Tiefseetaucher im Schatztruhen-Modell nun bereit, eine Schatztruhe zu öffnen. Er nimmt den Inhalt mutig heraus und schwimmt wieder zielstrebig nach oben. Zurück auf seinem Floß, erkennt er den wundervollen Goldschatz, den er geborgen hat, und wird eins mit ihm. Er bemerkt, dass plötzlich ein Hai weniger im Wasser ist und er keine Befehle mehr von ihm entgegennehmen muss. Das fühlt sich so toll für ihn an, dass er gleich zurück ins Wasser springt und hinabtaucht auf der Suche nach den restlichen Schatztruhen.

Das Leben im wahren Ich

Der Mensch auf dem Floß, der zum wahren Tiefseetaucher geworden ist, hat mutig alle Schätze aus den Tiefen des Meeres geborgen. Die Haie, die ihn begleitet, beschützt und ihm Befehle erteilt haben, seit er sich erinnern kann, sind nun überflüssig geworden, denn es gibt nichts mehr zu bewachen. Er braucht nun keine Nahrung mehr für sie zu finden und keine Hindernisse auf See mehr zu umschiffen. Er ist frei geworden. Die See ist ruhig geworden, und er genießt es einfach nur, auf seinem Floß zu sitzen und das Wasser zu beobachten. Manchmal schickt ihm seine Seele ein Funkeln am Horizont. Voller Vertrauen setzt er dann seine Segel, fährt dem Funkeln entgegen und ist gespannt, was das Leben für ihn bereithält.

Genau so fühlt es sich an, wenn wir im wahren Ich angekommen sind. Es wird ruhig in uns. Nichts in unserer Außenwelt kann uns mehr das geben, was wir nicht schon im Inneren gefunden haben. Wir haben all unsere persönlichen Goldschätze aus den Tiefen unseres Unterbewusstseins geborgen und sie im kraftvollen alchemistischen Prozess gewandelt. Alle Schattenanteile werden zu lichtvollen Anteilen wie Dankbarkeit, Liebe, Freude, Vergebung und Frieden. Diese Anteile verschmelzen irgendwann zu einem Ganzen: dem reinen Sein im Hier und Jetzt. Jener Zustand, in dem unser wahres Ich wohnt.

Einerseits sind wir dann geerdet und voll in unserer Mitte im gegenwärtigen Moment. Gleichzeitig erleben wir schließlich, dass wir das Bewusstsein sind, das sich permanent bei der menschlichen Erfahrung beobachtet. So gehen wir von nun an friedlich durchs Leben, und wenn wir eine Erfahrung im Außen machen, müssen wir uns nicht mehr von ihr innerlich abtrennen und sie als gut oder schlecht bewerten. Wir verschmelzen augenblicklich mit der Situation und bleiben im Hier und Jetzt. Wir tauchen in den Fluss des Lebens ein und folgen den Impulsen unserer Seele.

Das ist auch der Punkt, an dem wir oft beruflich neue Wege einschlagen, denn wir erinnern uns an unsere Lebensaufgabe. Aber auch dieser Weg wird sich magisch vor uns ausbreiten. Denn einmal mit dem wahren Ich verbunden, stehen wir in Kontakt mit der Urintelligenz der Quelle, die uns den Weg weist und auf übernatürliche Weise alles so orchestriert, dass wir unserer Bestimmung folgen können.

In diesem Zustand können wir sogar anderen Menschen helfen, ohne dass wir bewusst etwas tun. Denn unser Licht wird sie an ihres erinnern. Und dadurch, dass wir das Ego besiegt haben, bieten wir keine Resonanzfläche mehr für die Schattenseiten des anderen, was ihm hilft, sie zu überwinden.

Dein Weg zur Erfüllung in dir – Mit dem goldenen Mindset starten

Du bist jetzt hier. Zur richtigen Zeit am richtigen Ort. Weißt du, was ich spannend finde? Mir vorzustellen, wie die Wege, die du bisher gegangen bist, die guten Zeiten, die du bisher erlebt hast, die Schmerzen, die du in deinem Leben erlitten hast, und all die Erfahrungen, die du bisher gesammelt hast, dich in diesen gegenwärtigen Moment geführt haben und wie du diese Zeilen liest. Alles in deinem Leben lief bisher so, wie es laufen sollte, um dich genau an diesen Punkt, an dem du gerade stehst, zu führen. Und du hast es gut gemacht und in deinem Leben stets so gehandelt, wie es dir dein aktueller Bewusstseinszustand erlaubte.

Also bitte, atme erst einmal tief ein und aus, und würdige dich selbst für den Weg, den du bis hierhin schon gegangen bist. Und ich bin mir sicher, er war nicht immer leicht. Das Schöne ist, es gibt nur das Hier und Jetzt. Die Vergangenheit existiert nicht, doch das, was du aus ihr gezogen hast, schon.

All deine teilweise schmerzhaften Erfahrungen, die du in der Vergangenheit gemacht hast, haben Bewusstsein in dir erzeugt und dir, auch wenn du es vielleicht nicht immer spürst, Stärke verliehen. Deine Vergangenheit hat dich also perfekt vorbereitet, um jetzt neu zu wählen. Beziehungsweise hast du ja schon neu gewählt. Denn mit der Lektüre dieses Buches hast du dich dafür entschieden, nun noch tiefer zu gehen, und bist bereit, deinem Ruf zu folgen, die Erfüllung in dir zu finden.

Und noch eine Sache, bei der du aufatmen kannst: Ab jetzt darf es für dich leichter werden. Ja, vielleicht bist du aktuell noch in einer schweren Phase, und das Leben hat dich mit Dunkelheit umhüllt. Und ja, vielleicht wird deine Seele auch in der Zukunft noch die eine oder andere Prüfung für dich bereithalten, und du wirst kurz mal nicht wissen, wie du sie bestehen kannst. Aber mit der richtigen inneren Einstellung, dem Bewusstsein dessen, was dir in deinem Leben gezeigt wird, um dich näher zu dir selbst zu führen, und einer kraftvollen Technik, die dir hilft, gefundene Themen zu transformieren, wirst du mit einem Lächeln im Feuer des Lebens stehen und deine Schritte gehen können.

Und genau diese Dinge wird dir dieses Buch vermitteln und an die Hand geben.

Im vorherigen Kapitel hast du bereits einen Überblick bekommen, wie der Weg des Menschen zu seinem wahren Ich abläuft und warum wir manchmal stürmische Zeiten in unserem Leben brauchen, um zu erkennen, was wir nicht sind, um schließlich uns mit dem zu verbinden, was wir eigentlich sind. In diesem Kapitel widmen wir uns nun deinem persönlichen Weg. Im ersten Schritt werde ich dir helfen, das Mindset zu entwickeln, das zu haben sich lohnt, um in die Höhle des Löwen einzudringen und die Goldschätze im Inneren zu finden.

Außerdem wird dieses Kapitel dir helfen, dein bisheriges Leben zu verstehen, und dir das Bewusstsein für all deine Lebensthemen und Schattenseiten geben, die du daraufhin wandeln kannst. Du wirst also eine Landkarte zu deinem Schatz im Inneren bekommen, um ihn im Praxispart, am Schluss des Buches, auszugraben.

Lass uns also aufbrechen und die Erfüllung in dir finden.

Keine Frage, du hast dich auf höherer Ebene für den wohl anspruchsvollsten Weg entschieden, den die menschliche Erfahrung zu bieten hat. Und wie du bereits aus deiner Vergangenheit weißt oder gerade erlebst, kann es schon mal stürmisch werden. Mit dem richtigen Mindset wirst du es nicht nur schneller schaffen, mit deiner Vergangenheit Frieden zu schließen, sondern auch für die Stürme gerüstet sein, die gerade in deinem Leben toben. Ich werde dir nun alle wichtigen Mindset-Elemente vorstellen, die sowohl mir als auch vielen meiner Klienten auf ihrem Weg geholfen haben.

Du bist ohne Schuld und brauchst nichts zu bereuen

Es kann sehr gut sein, dass du während des Lesens der ersten Kapitel zwar viele Erkenntnisse hattest, dir aber an der einen oder anderen Stelle an den Kopf gelangt hast und dir dachtest: »Oh Mann, hätte ich das alles nur schon früher gewusst. Da bin ich mein Leben lang mit diesen Mustern rumgelaufen und habe es nicht gecheckt.« Und ja, du glaubst gar nicht, wie gut ich dich an der Stelle verstehen kann. Über dreißig Jahre meines Lebens bekam ich fast nichts auf die Reihe. Ich weiß noch genau, wie sich unser alter Freundeskreis einmal im Jahr zu Weihnachten traf und immer alle freudig über ihr Leben berichteten, wie viel sie schon beruflich erreicht hatten, wo sie überall auf der Welt hingereist sind und was für tolle Beziehungen sie doch hatten.

Wenn ich dran war und komplett ehrlich hätte sein müssen, hätte ich wahrscheinlich so was gesagt wie: »Hm, okay, also ich bin schon seit Längerem ein psychisches Wrack und habe öfter mal Panikattacken. Ich jobbe in Bars, weil ich zu große Angst habe und mich zu schwach fühle, das zu tun, was ich eigentlich machen will. Ach ja, und mit Frauen läuft es auch nicht so toll, weil ich zu beschäftigt bin, mein Leben ansatzweise auf die Kette zu kriegen.«

Lange Zeit dachte ich, ich hätte so viel Zeit verschwendet, weil ich es nicht hinbekam. Doch es gibt nichts zu bereuen, denn wenn du zurück auf dein Leben blickst, so konntest du immer nur nach deinem aktuellen Bewusstseinsstand handeln. Und wenn du erst einmal im Hier und Jetzt angekommen bist, wird dich die Vergangenheit nicht mehr jucken, egal, wie alt du bist!

Die Menschen, die dich am schlimmsten verletzten, haben dir stets geholfen

Unsere Welt kann manchmal ein dunkler Ort sein. Vielleicht warst du bereits als Kind sehr sensibel und wurdest schon von deinen Eltern tief verletzt. Du hast Ablehnung erfahren, ja, vielleicht sogar Gewalt oder Ähnliches. Danach ging es in deinen Partnerschaften weiter. Du wurdest verlassen oder sogar betrogen. Aber auch wenn es noch so schwer ist zu akzeptieren, sie haben dir insgeheim gedient und dabei geholfen zu wachsen.

Auf Seelenebene stehen wir den Menschen, die uns Schlimmes antun und uns verletzen, sogar oft sehr nahe. Denn um unsere Reise des Bewusstseins erleben zu können und unsere Erfahrungen in der Dualität dieser Welt zu machen, brauchen wir auf höherer Ebene sogar ganz dringend Menschen, die uns schlecht behandeln und verletzen, so komisch sich das auch anhören mag. Wir brauchen die Dunkelheit, um zu erkennen, dass wir Licht sind. Deswegen ändere deine Perspektive. Vielleicht wollte dein Chef, der dich immer wie den letzten Deppen behandelt hat, dich auf höherer Ebene einfach nur an deinen Selbstwert erinnern. Oder dein Ex-Partner, der dich von jetzt auf gleich ohne scheinbaren Grund verlassen hat, nur um im nächsten Moment mit jemand anderem zusammen zu sein. Vielleicht wollte er dich auf höherer Ebene nur an deine Verlassenheitswunde erinnern, sodass du sie überwinden kannst. Hinter dem Schleier sind sie vielleicht sogar Seelenverwandte von dir, die dir aus Liebe den Gefallen taten, dich in diesem Leben zu verletzen. Mach dir bitte diese Tatsache bewusst, und beginne, all die Menschen, die du bis zuletzt gern mal »verteufelt« hast, und allen, die dich vielleicht noch verletzen werden, aus dieser Perspektive zu betrachten. Es wird deinen Weg nach innen massiv beschleunigen und dir helfen, deinen Anteil daran zu sehen und das, was die Wachstumschance für dich ist, anstatt dich als Opfer zu fühlen. Manchmal schaffen wir es, indem wir uns bewusst machen, dass wir durch die Person, die uns verletzt hat, eine

Erfahrung machen wollten, um daraus zu wachsen und Vergebung zu finden.

Es geht also nicht darum, klein beizugeben oder unmoralisches beziehungsweise übergriffiges Verhalten anderer zu bagatellisieren oder gar zu rechtfertigen. Die volle Verantwortung für ihr missliches Tun müssen sie schon selbst tragen. Vielmehr geht es für dich darum, die Situation aus spiritueller Sicht zu sehen – was im Alltagsbewusstsein auf den ersten Blick kontraintuitiv sein kann –, um dich von der Last zu befreien, widerstandsfähiger, resilienter zu werden und letztlich über dich hinauszuwachsen. Oft sitzen die Verletzungen jedoch so tief, dass erst einmal alle Emotionen, die diesbezüglich noch in uns brodeln, transformiert werden wollen, bevor wir vergeben können. Die Praxis-Tools am Ende des Buches können dir in diesem Fall eine Hilfe sein.

Dich umgibt pures Gold, das von dir gesehen werden möchte

Dieses Mindset-Element ist mein absoluter Favorit, denn ohne seine Kenntnis hätte ich meinen eigenen Sturm der Seele wahrscheinlich nicht überstanden. Wie du von meiner Geschichte noch weißt, hatte mich das Leben, nachdem ich an den Bodensee gezogen war, ein zweites Mal in eine tiefe Krise gestürzt, die mich an den Rand des Erträglichen führte. Zuerst wollte ich mich am liebsten verkriechen, um bloß nicht mehr diese Schmerzen erleiden zu müssen. Von Liebeskummer geplagt und der Verletzung, dass meine damalige große Liebe einen neuen Partner hatte, zog ich mich für Wochen in meine vier Wände zurück und hatte höllische Angst, ihr zu begegnen.

Doch dann kam der entscheidende Mindset-Shift. Ich erkannte, dass alles, was mich verletzte und mir solche Angst machte, eigentlich nur meine alten Verletzungen waren, hinter denen ja mein wahres Ich wartete, wenn ich sie lösen würde. Diese Einsicht hat alles verändert. Ich wurde endgültig zum Tiefseetaucher, immer auf der Suche nach dem nächsten Goldschatz. Ich begann, diese Trigger zu lieben, und forderte sie sogar heraus. Ich begann, extra Orte aufzusuchen, an denen die Wahrscheinlichkeit sehr hoch war, dass ich meine Ex-Partnerin treffen würde. Und so kam es dann auch. Ich ging in die Höhle des Löwen, um ihm direkt in die Augen zu sehen. Natürlich war es zu Beginn äußerst schmerzhaft, damit konfrontiert zu werden. Doch dieses Mindset hat mir geholfen, stark zu werden. Ich achtete jedes Mal einfach darauf, welche verdrängten Verletzungen sich bei der Konfrontation zeigten, um sie kurze Zeit später mit meinen Werkzeugen zu transformieren.

Wenn auch du dir bewusst machst, dass hinter jedem schmerzhaften Erlebnis eine Riesenchance steckt, dich weiterzuentwickeln und deinem Wunsch, die Erfüllung in dir zu finden, einen Schritt näher bringt, wirst du in kurzer Zeit in Siebenmeilenstiefeln voranschreiten. Und ich kann dir sagen, wenn du erst einmal den Schalter umgelegt und erfahren hast, wie schnell man teilweise Themen transformieren kann, wirst auch du fast schon süchtig nach Triggern im Außen werden. Beginne also, das pure Gold hinter all deinen schmerzhaften Erfahrungen zu sehen!

Übernimm die volle Verantwortung

Zu wissen, dass man all seine Erfahrungen im Leben selbst kreiert hat durch sein Bewusstsein und all die Ego-Muster, in denen man gefangen war, und die ganzen Jahre durchs Leben gegangen ist und dabei »geschlafen« hat, tut manchmal weh. Wie, ich soll mir das alles ausgesucht haben? Aber es liegt eine große Befreiung darin, die volle Verantwortung dafür zu übernehmen. Und auch wenn dein Leben gerade nicht so rosig erscheint und du gern anderen Menschen oder dem Universum die Schuld dafür geben würdest: Schau in den Spiegel, und übernimm die volle Verantwortung für dein Hier und Jetzt. Dadurch wirst du vom Opfer zum Schöpfer: Ja, das bin ich; ja, das ist mein jetziges Leben.

Und das Schöne ist, dass es ja nur das Hier und Jetzt gibt – die Vergangenheit ist verstrichen und die Zukunft noch nicht eingetroffen –, sodass du, wenn du die Entscheidung triffst, ab jetzt die Verantwortung zu übernehmen, ohne Altlasten kraftvoll weitergehen kannst.

Einfach durchgehen, auch wenn du das Ergebnis nicht kennst

Obwohl wir schon gelernt haben, dass stürmische Zeiten in unserem Leben unsere größte Chance sein können, so mag es manchmal eine gewisse Herausforderung sein, sich seinen Schattenseiten zu stellen, nach innen zu gehen und seinen Goldschatz zu finden. Was erschwerend hinzukommt, ist die

Tatsache, dass du mit jedem Prozess, den du mutig durchgehst, vor dem Ungewissen stehst. Schließlich gibst du mit jedem Schattenanteil, den du transformierst, einen Teil deiner bisherigen Identität ab, die du teilweise dein Leben lang angenommen hattest. Das kann gehörig Angst machen. Dein altes Ich stirbt, bevor dein wahres Ich emporsteigt. Dieser eigentlich äußerst positive Vorgang kann einem erst einmal vorkommen wie ein Sprung in einen dunklen Abgrund.

Mir ging es teilweise nicht anders in meinen Prozessen. Als ich zum Beispiel mein Muster abgelegt hatte, mich immer um die anderen zu kümmern statt um mich selbst, hinterließ es eine ganze Weile eine Leere in mir, die neu gefüllt werden wollte. Was mir damals für mein Mindset geholfen hat, die Schritte ins Ungewisse zu gehen, waren die Gleichnisse der Metamorphose und der Imago-Prozess des Schmetterlings, die ich im Folgenden beschreibe.

Grundsätzlich finde ich es immer wieder faszinierend, zu wie vielen Gegebenheiten und Prozessen in der Natur man Parallelen zu unserem Leben ziehen kann. Zum Beispiel, dass aufgrund der Jahreszeiten ein Baum im Winter zur Ruhe kommt, seine Energie nach innen zieht und die Blätter abwirft, um im Frühjahr kraftvoll in neuem Glanz zu erscheinen. Wir Menschen brauchen auch öfter mal längere Ruhephasen, um danach wieder kraftvoll neu zu beginnen. Eins meiner absoluten Lieblingsgleichnisse ist hier die Metamorphose von der Raupe zum Schmetterling.

Die Metamorphose

Die Metamorphose oder Umgestaltung bezeichnet zum Beispiel die Verwandlung der Raupe zum Schmetterling. Im Zuge ihrer Verwandlung bildet sie einen Kokon, der sie in komplette Dunkelheit hüllt. Für die Außenwelt nicht sichtbar, gibt sie ihren alten Seinszustand komplett auf. Sie bildet ihre Flügel aus, und wenn die Verwandlung vollzogen ist und sie zum Schmetterling geworden ist, hat sie die Kraft, ihren Kokon zu durchstoßen, und zeigt sich der Welt in all ihrer Schönheit. Sie breitet ihre Flügel aus und fliegt los.

Auch dein Weg zum wahren Ich ist eine Metamorphose vom Feinsten! Im Laufe des Prozesses verbringst du, ähnlich wie die Raupe, eine gewisse Zeit in der Dunkelheit. Zum einen könnte dich das Leben mit Dunkelheit umhüllen, damit du deine Schattenseiten erkennst. Zum anderen kann man deine Schattenarbeit, die du vollziehst, wenn du deine verhängten Anteile anschaust und integrierst, auch als Zeit in der Dunkelheit beschreiben. Und ähnlich wie bei der Raupe, die sich komplett hingeben muss, weil ihr alter Seinszustand buchstäblich aufgelöst wird, so bist auch du auf dem Weg gefragt, zu vertrauen.

Was ich mit am spannendsten finde, ist, dass der Schmetterling im Kokon durch die ganze Anstrengung und sein Bemühen, den Kokon zu durchbrechen, genau die Muskeln aufbaut, die er später zum Fliegen braucht. Würde man der Raupe nun helfen, ihre großen Anstrengungen zu lindern, und den Kokon für sie aufschneiden, so könnte sie später wohl leider nicht fliegen.

Auf dich umgemünzt heißt dies, dass du manchmal oft stürmische Zeiten brauchst, die dich an die Grenzen des Erträglichen bringen können, um daraus so zu wachsen und das nötige Bewusstsein zu bekommen. Selbstverständlich kannst du im wahren Leben Hilfe annehmen, um deine Transformationsprozesse zu durchschreiten, aber keiner kann den Weg für dich gehen. Am Ende wirst jedoch auch du so gestärkt daraus hervorgehen, dass du deine Flügel ausbreiten wirst.

Der Imago-Prozess

Die Sache mit der Metamorphose war dir wahrscheinlich nicht vollkommen neu, und auch ich habe dieses Gleichnis schon auf zig Seminaren immer wieder gehört.

Auf den Imago-Prozess der Raupe bin ich jedoch erst vor circa zwei Jahren gestoßen und fand die Parallelen, die man hier zum Menschen ziehen kann, absolut faszinierend. Seitdem binde ich dieses Gleichnis immer wieder in meine Arbeit ein, denn es hilft ungemein, anstrengende Lebensphasen zu verstehen.

Der Begriff »Imago« stammt aus dem Lateinischen und heißt »Bild«. Bei Insekten wird so die geschlechtsreife Adult-(Erwachsenen-)Form nach der vollständigen Metamorphose sozusagen als »Bild der Art« bezeichnet. Ich werde nun mit dir die einzelnen Schritte des Imago-Prozesses durchgehen und gleichzeitig die Parallele zu deinem Leben ziehen:

- Wenn die Raupe beginnt, sich zum Schmetterling zu wandeln, werden von ihrem System sogenannte Imago-Zellen ausgeschüttet. Diese Zellen haben noch nichts mit dem endgültigen Schmetterling zu tun, es sind eher Zellen, welche die Verwandlung einleiten. Das Faszinierende hierbei ist, dass die Raupe diese Zellen erst einmal als Fremdkörper deutet und sie abtötet. Das heißt, sie hat zu diesem Zeitpunkt noch keine Ahnung, dass sie mal ein wunderschöner Schmetterling wird, und bekämpft es. Doch während sie sich noch dagegen wehrt, beginnt sich bereits ihr Kokon zu bilden. Ihr Transformationsprozess ist also schon nicht mehr aufzuhalten, obwohl sie sich noch dagegen sträubt. Ähnliches widerfährt uns, wenn unsere Seele eine Veränderung einleitet, sodass wir unseren Weg nach innen gehen. Sie orchestriert Ereignisse in unserer Außenwelt, die uns aus unserem gewohnten Leben herauswerfen. Obwohl das Endergebnis – so wie beim Schmetterling – ein wunderschönes sein wird, haben wir zu Beginn keine Ahnung davon und versuchen meistens eine ganze Weile, gegen die Veränderung anzukämpfen und in unserem alten Zustand zu bleiben. Während wir uns noch wehren, ist unser Prozess jedoch schon voll im Gange und unausweichlich, denn die Seele will uns wachsen lassen.

- Während die Raupe die Veränderungszellen noch bekämpft, werden im nächsten Schritt des Imago-Prozesses zusätzlich Stoffe in ihr ausgeschüttet, die sie langsam aufzulösen beginnen. Das heißt, sie weiß immer noch nicht, dass sie zum Schmetterling werden wird, während ihr alter Zustand zu existieren aufhört. Genauso fühlt es sich oft auch für uns an, wenn wir von unserer Seele aufgefordert werden, in die Tiefe zu gehen und uns unseren Schattenseiten zu stellen. Das gewohnte Leben wird uns teilweise unter unseren Füßen weggerissen, ohne dass wir die geringste Ahnung haben, was danach auf uns wartet. Ein äußerst unangenehmer Zustand. Was ich an dieser Stelle so beruhigend finde, ist, dass es eine normale Reaktion ist, wenn wir am Anfang teilweise gegen das Neue ankämpfen und unglaublich ängstlich sind. Es gehört zum Prozess dazu!

- Die Veränderungszellen in der Raupe geben nicht auf, bilden sich weiter und schaffen es, untereinander Verknüpfungen durch Fäden zu schaffen. Durch die Vernetzungen, die entstehen, merkt die Raupe plötzlich, dass etwas Gutes im Gange ist, um im selben Moment aufzuhören, die Veränderungszellen zu zerstören. Erst jetzt beginnt sie, die Flügelzellen des Schmetterlings zu bilden.
- Wenn wir eine Weile gegen die Veränderung angekämpft haben, entwickeln wir schließlich die Bereitschaft, uns zu hinterfragen. Wir reflektieren und erstellen Verknüpfungen zu unserer Situation. Wir beginnen, unsere Außenwelt als Spiegel der inneren Welt zu erkennen, und sind nun bereit einzutauchen. Wir verbinden uns mit unseren Schattenseiten und gehen Schritte in Richtung unseres wahren Ichs. Auch wir bilden damit unsere persönlichen Flügel nach und nach aus.
- Im Imago-Prozess bildet der Schmetterling im letzten Schritt durch die Anstrengungen, den Kokon zu durchbrechen, die Muskeln aus, die er später zum Fliegen braucht. Faszinierend ist auch, dass es in der Wand des Kokons von Anfang an eine Art kleinen Spalt gab, durch den der Schmetterling sich seinen Weg in die Freiheit bahnen kann.
- Wenn wir hier den Vergleich zu unserem Weg ziehen, ist es beruhigend zu wissen, dass auch unsere Seele für uns von Beginn an den positiven Ausgang parat hält und uns der ganze Prozess stärkt.

Auch ich bin in meinem Leben schon so viele Imago-Prozesse durchgegangen, etwa damals, allein an den Bodensee zu ziehen, ohne zu wissen, was mich dort erwartet, und ohne viel Geld in der Tasche. Obwohl es sich zwar richtig anfühlte und ich den Ruf so deutlich spürte, war es ein sehr großer Schritt ins Ungewisse für mich. Aber im Nachhinein betrachtet, war ich stets beschützt, und als ich einfach mutig vorwärtsging, fügte sich alles zusammen, so als wäre es bereits vorbereitet. Ähnlich verhielt es sich natürlich auch auf meinem inneren Weg zum wahren Ich. Es war gelinde gesagt nicht immer angenehm, vom Leben teilweise so brachial meine Schattenseiten gespiegelt zu bekommen. So oft tat sich in mir ein dunkler Abgrund auf, in den einzutauchen ich gefordert war. Doch ähnlich wie beim Imago-Prozess war mein Weg immer geführt, und mein altes Ich aufzugeben hat mich letztlich befreit.

Wege der Seele, mit uns zu kommunizieren

Wie du weißt, hat unsere Seele immer einen gütigen Blick auf uns und unseren Weg, und wenn wir soweit sind, versucht sie auf ihre spezielle Weise, uns in die richtige Richtung zu bewegen. Ihr Bestreben ist es, uns durch ihre Art der Kommunikation zum Aufwachen zu bewegen und mehr Bewusstsein zu erzeugen, wer und was wir wirklich sind. Ohne die Einwirkung unserer Seele wären wir unserem Ego ausgeliefert und träumten unseren Traum, ohne zu wissen, dass wir träumen.

Oft sind wir auf unserem Floß des Lebens so ferngesteuert und merken nicht, dass wir in eine Richtung gehen, die uns von uns selbst zu entfernen droht. Je nachdem, wie reif eine Seele und wie sehr die Mission, in diesem Leben zum wahren Ich zu finden, ausgeprägt ist, desto öfter und deutlicher greift unsere Seele ein, um uns auf Kurs zu bringen. Sie erzeugt größere und kleinere Stürme gemäß dem, was wir brauchen, um bewusster zu werden und unsere Segel in Richtung wahres Ich zu setzen.

Gerade vor dem ersten Erwachen, wenn unser Kurs des Egos so festgefahren ist, dass wir niemals daran denken würden, ihn zu ändern, muss die Seele manchmal ganz tief in ihre »Trickkiste« greifen, um uns zu einem anderen Kurs zu bewegen. Sie lässt den Sturm teilweise so mächtig werden und die Wellen so hoch, dass wir nicht weiterfahren können oder sogar zu kentern drohen.

Aber keine Bange, sie weiß genau, was sie tut. Im Gegensatz zum Ego ist sie an die Urintelligenz der Quelle angeschlossen, und wie ein guter Hochseilartist weiß sie, dich im perfekten göttlichen Timing so in der Balance zu halten, dass du nicht in den Tod stürzt.

Aber ja, wie du in deinem Leben bestimmt schon das ein oder andere Mal gespürt hast, kann das Ganze teilweise buchstäblich ein wahrer »Drahtseilakt« sein. Je bewusster ein Mensch schon geworden ist, desto weniger stürmisch müssen die Botschaften der Seele werden, um Bewusstsein zu erzeugen und den Kurs weiter Richtung wahres Ich einzuschlagen. Während es zu Beginn des Erwachens vielleicht eine Krankheit braucht, um Bewusstsein zu erzeugen, genügt bei einem Menschen mit einem schon recht hohen Bewusstsein vielleicht ein Buch, das er liest, um den Kurs zu halten und den Seelenweg weiterzugehen.

Im Folgenden werde ich dir die wichtigsten bewährten Mittel vorstellen, welche die Seele einsetzt, um Bewusstsein zu erzeugen. Neben Menschen, die uns spiegeln, worauf im nächsten Kapitel eingegangen wird, hat die Seele bekanntlich diverse Wege, mit uns zu kommunizieren. Wenn wir wieder mit unserem wahren Ich und unserer Intuition verbunden sind, muss schließlich auch unsere Seele nicht mehr großartig intervenieren. Sie greift wie gesagt immer nur gerade so viel ein, wie erforderlich ist, um das nötige Bewusstsein zu schaffen.

Depression und Burn-out

»Es ist sehr dunkel in mir geworden.« Das sind beispielsweise Worte, die depressive Menschen benutzen, um ihren Gemütszustand zu beschreiben. »Hey, stell dich doch nicht so an. Konzentrier dich doch wie früher wieder auf die schönen Dinge des Lebens. Geh wieder deinen Hobbys nach, und halt dich beschäftigt. Das wird schon wieder.« Und dies sind oft gutgemeinte Ratschläge, die depressive Menschen von ihrem Umfeld zu hören bekommen. Meistens lassen diese Worte die Betroffenen sich jedoch noch schlechter fühlen, denn mehr oder weniger unterschwellig wird ihnen dadurch unterstellt, sie seien selbst »schuld« an ihrer Lage. Ich kenne Menschen, die teilweise zehn oder manchmal sogar zwanzig Jahre in der Depression verharrten. Doch warum passiert ihnen das?

Depressionen sind ein sehr bewährtes Mittel unserer Seele, um eine Veränderung einzuleiten und uns zu erwecken. Gerade wenn Menschen noch sehr stark dem Traum des Egos verfallen sind und ihr wahres Ich vergessen haben, umhüllt sie die Seele mit Dunkelheit, und das so lange, bis sie soweit sind, nach innen zu blicken. Durch diese Maßnahme kann uns das Ego nicht wie gewohnt manipulieren. Aufmerksamkeit von anderen Menschen oder berufliche Erfolge waren beispielsweise früher die Dinge, die das Ego genährt haben und Glücksgefühle auslösten. In einer Depression gibt jedoch nichts von alldem einem Menschen noch ein gutes Gefühl oder einen Halt. Das Ego gerät in »Hungersnot«.

Wie wir schon gesagt haben, muss für uns manchmal erst das Gegenteil erscheinen, bevor wir das Eigentliche erkennen.

Mit einer Depression umhüllt uns die Seele so lange mit Dunkelheit, bis wir erkennen, dass wir das Licht sind.

Auch die größten spirituellen Lehrer und Lehrerinnen unserer Zeit wie Eckhart Tolle oder Byron Katie berichten von jahrelangen Depressionen, die sie begleiteten, bevor es bei ihnen zu einer Art »Spontanerwachen« kam. Vom einen auf den anderen Tag löste sich bei ihnen das Ego komplett auf, und sie waren wieder mit ihrem wahren Ich verbunden.

Wie du siehst, kann es auch plötzlich geschehen. Auch dein Weg muss keine Jahre mehr dauern. Einmal erwacht und die Lektion gelernt, verstehen die meisten, wie ihre Depression sie schließlich ein Stück näher zu sich selbst gebracht hat. Auf ihrem weiteren Weg lernen sie, depressive Verstimmungen, die manchmal noch auftauchen, recht schnell zu deuten, und es wird ihnen zu einer Art Kompass, um sie auf dem Weg zu sich zu navigieren.

Auch der »kleinere Bruder« der Depression, das Burn-out-Syndrom, ist ein Phänomen unserer Zeit, das immer mehr Menschen ereilt. Manche belächeln es und glauben, wir wären in einer Generation von Weicheiern angelangt, die keinem Druck mehr gewachsen sind. Aber es steckt mehr dahinter. Zum einen ist die Tatsache, dass viele Menschen immer mehr Arbeit aufgebrummt bekommen und längere Arbeitszeiten haben, ein Grund, dass wir ausbrennen. Viele haben durch ihre berufliche Eingespanntheit ihre Balance verloren und folgen nicht mehr ihrer menschlichen Natur. Hier schickt die Seele das Burn-out-Syndrom, um uns wieder in unsere Balance zu bringen.

Viel bemerkenswerter finde ich jedoch die Beobachtung bei Menschen, die ins Burn-out-Syndrom abdriften, obwohl sie dieselbe Tätigkeit jahrelang problemlos ausführen konnten und auch sonst alles andere in ihrem Leben den gewohnten Gang zu gehen schien. Bei ihnen kam das Ausgebranntsein also nicht von einer Mehrbelastung im Job. Das Ganze geht teilweise so weit, dass ihnen absolut nichts mehr gelingt. Tabellen, die sie früher problemlos innerhalb von Minuten wie auf Autopilot analysieren und bearbeiten konnten, sehen plötzlich aus wie Hieroglyphen und rauben ihnen den letzten Nerv.

Es ist, als hätte ihnen jemand den Stecker gezogen. Und genau dieser Jemand ist die schlaue Seele, die uns ausbrennen lassen kann, wenn die Zeit reif ist, etwas Wesentliches zu verändern. Viele Menschen sind zum Beispiel beruflich aufgrund von Ego-Themen und den daraus resultierenden Ängsten wie die Sorge, nicht genug Geld zum Überleben zu haben, weit vom Kurs abgekommen und führen einen Job aus, der nicht ihrem wahren Ich entspricht.

Krankheiten

Jeder, der einmal ernsthaft krank war, weiß, was das für ein herber Einschnitt ins Leben sein kann. Die Gedanken kreisen ständig darum, und der Wunsch, einfach nur wieder gesund zu werden, ist für die Betroffenen omnipräsent. Auch bei körperlichen Beschwerden hat unsere Seele gern mal ihr Händchen im Spiel. Die Weisheit »Krankheiten sind Botschaften der Seele« kommt ja nicht von ungefähr. Schon unseren Vorfahren war bewusst, dass Krankheiten entstehen können, wenn wir mit uns und unsere Seele nicht in Balance sind. So tragen Floskeln wie »Das schlägt mir auf den Magen« oder »Da kommt mir die Galle hoch« schon viel Wahrheit in sich.

Der »Kanal« Krankheit ist also eine weitere Möglichkeit, wie unsere Seele mit uns kommuniziert und versucht, Bewusstsein zu erzeugen. Gerade bei diesem Werkzeug der Seele brauchen wir, wenn wir noch tief »schlafen«, oft einen richtigen Hammer, um aufzuwachen. Auch wenn es alles andere als lustig ist, selbst tief in einer Krankheit zu stecken, muss man sagen, dass es ein sehr effektives Mittel ist. Die Betroffenen werden daran gehindert, weiter ihren gewohnten Weg zu gehen, der aus unbewussten Mustern ihres falschen Selbst entsprungen ist. Die Seele setzt ein Stoppzeichen, und man wird gefordert, nach innen zu blicken. Menschen, von denen man es nie gedacht hätte, verändern sich, wenn sie mit dieser Keule der Seele eins übergebraten bekommen.

Es gibt zum Beispiel Geschichten von Managern, die ihr Leben lang nur nach Erfolg strebten, jede freie Minute in ihrem Job verbrachten und denen ihr Familienleben und soziale Kontakte immer zweitrangig waren. Plötzlich ereilte sie ein Herzinfarkt, und sie landeten im Krankenhaus. Nachdem der erste Schock verdaut ist, hinterfragen viele ihr Leben. Nicht wenige von ihnen änderten innerhalb Wochen ihr Leben und verbringen seit diesem Zeitpunkt mehr Zeit mit ihrer Familie. Auch beruflich treten sie nun kürzer, da sie erkannten, dass sie aufgrund ihrer Ego-Muster nie wirklich Gefühle hatten zulassen können. Sie haben ihre Lektion gelernt, die Liebe als Teil ihres wahren Ichs zu integrieren und gesund weiterzuleben.

Ja, manchmal knockt uns unsere Seele komplett aus und schickt uns Krankheiten, damit wir die nötige Zeit bekommen, nach innen zu gehen. Auch das Ego bekommt weniger Nahrung im Außen und kann uns nicht wie gewohnt Dinge tun lassen, die nicht unserem wahren Ich entspringen.

Das Verblüffende dabei ist, dass unser Körper oft wundersame Selbstheilungskräfte freisetzt, sobald die Lektionen gelernt wurden. Von indigenen Völkern gibt es zum Beispiel Berichte, dass Schamanen mithilfe von einem Heilpflanzengebräu die Menschen so tief in ihr Unterbewusstsein führen können, dass sie ungeahnte Erkenntnisse über ihr Innenleben bekamen. In diesem Zustand hat das Ego Sendepause, und unsere Seele kann mit uns kommunizieren. Durch die Einblicke, welche die Teilnehmer in diesen Zeremonien bekommen, können sie die verdrängten Emotionen und Ego-Muster hinter ihrer Krankheit lösen, sodass ihre Krankheit selbst verschwand, teilweise in spektakulär kurzer Zeit.

Es ist immer wieder faszinierend, wie schnell sich Dinge verändern können. Je höher das Bewusstsein eines Menschen schon ist, desto weniger gravierend muss die Seele auch hier ihre Botschaft senden, um ihn wieder »in die Spur« zu bringen.

Unfälle

Hast du schon mal über etwas nachgegrübelt und dir dabei aus Versehen in den Finger geschnitten? Missgeschicke und Unfälle sind häufig spontane Interventionen unserer Seele, um uns dazu zu bewegen, nach innen zu blicken. Nicht immer müssen ganz schlimme Dinge passieren, damit wir uns hinterfragen. Manchmal reicht eben auch ein kleiner Schnitt in den Finger beim Gemüseschneiden aus, um uns beispielsweise aus einem Gedankenkarussell unseres Egos zu befreien.

In meinem Leben gab es auch es einige Situationen, in denen Missgeschicke oder kleinere Unfälle Bewusstsein in mir erzeugten und ich daraufhin begann, den Weg meines wahren Ichs weiterzugehen. Als ich zum Beispiel damals in den Startlöchern stand, mich selbstständig zu machen, plagten mich bis zuletzt noch die einen oder anderen Selbstzweifel. Ich war im Begriff, meine Komfortzone ganz weit zu verlassen und einen Schritt in komplett fremdes Fahrwasser zu unternehmen. Die »Aufschieberitis« setzte ein. Eine gewisse Zeit lang erfand ich Ausreden, um mich selbst davon zu überzeugen, dass ich noch nicht soweit war. Doch meine Seele wusste wohl, was zu tun war. Denn kurze Zeit später knickte ich beim Sport um und saß mit geschwollenem Fuß zu Hause. Auf komische Weise hatte ich daraufhin ganz andere Gedankengänge. »Was wäre, wenn ich es doch schaffe? Ich sollte es einfach ausprobieren.« Erkenntnis für Erkenntnis sickerte in mich ein, sodass ich nur wenige Tage später endlich loslegte.

Interessant war auch, dass mein Fuß danach viel schneller wieder heilte, als mir vom Arzt prophezeit wurde. Meine Seele hatte wunderbare Arbeit geleistet. Es war, als hätte sie mir auf höherer Ebene eine gut gemeinte Schelle verpasst und wollte mir sagen: »He, Alter, du schaffst das schon.«

Was mich zusätzlich faszinierte, war, dass ich wiederum ein paar Tage später ein Buch über Krankheiten als Botschaften der Seele aus meinem Regal zog und dort erfuhr, dass Fußverletzungen passieren können, damit wir uns im Leben vorwärtsbewegen. Ich musste schmunzeln, und gleichzeitig breitete sich ein wohliges Gefühl in mir aus, dass ich im Leben immer geführt bin.

Wie du siehst, meint es unsere Seele also nur gut mit uns, auch wenn ihre Botschaften oft erst einmal schwer zu verdauen und zu akzeptieren sind. Je mehr wir jedoch schon zu unserem wahren Ich aufgewacht sind, desto sanfter werden sie.

Inspirationen

Nicht immer muss es mit Schmerz verbunden sein, wenn unsere Seele uns dazu animieren möchte, einen Schritt vorwärtszugehen und uns zu der Verbindung mit unserem wahren Ich zu bewegen. Inspirationen in unserem Leben sind eine sehr angenehme Variante, um uns dabei zu helfen, zu neuen Ufern aufzubrechen. Inspirationen sind Dinge im Außen, die uns daran erinnern möchten, dass wir sie selbst in uns tragen, sie aber bis zuletzt in unserer verschlossenen Schatztruhe am Grund des Meeres versenkt haben. Inspirationen können zum Beispiel Vorbilder sein, die uns ab einem bestimmten Zeitpunkt unseres Weges begegnen und tief berühren. Diese Menschen befinden sich an einem Punkt in ihrem Leben, dem unser aktueller Bewusstseinszustand noch nicht entspricht. Die Anziehung, die wir zu ihnen spüren, hat die Kraft, uns über den Tellerrand unseres Ego-Konstrukts blicken zu lassen.

Wenn wir hier nochmals das Floß-Modell hernehmen: Außerhalb der gewohnten Route, Nahrung für die Ego-Haie zu finden, sieht der Mensch auf dem Floß plötzlich ein hell funkelndes Ding am Ende des Horizonts. Das helle Objekt, das die Inspiration darstellt, erweckt Neugierde in ihm, und er steuert in diese Richtung.

In meinem Fall waren Vorbilder absolut Gold wert, und ohne sie hätte ich es wahrscheinlich nicht bis zu dem Punkt geschafft, an dem ich heute stehe. In meinen schwersten Zeiten haben mich immer Menschen fasziniert, die selbst unglaublich viel durchgemacht hatten, um dann wie Phönix aus der Asche emporzusteigen. Die spirituelle Lehrerin Byron Katie, die lange Zeit in tiefer Depression verbrachte, bevor sie zu ihrem wahren Ich erwachte, um dann Menschen auf der ganzen Welt zu begleiten, auch den Weg zu sich selbst zu gehen.

Diese Vorbilder waren in meinen dunkelsten Stunden so etwas wie ein Rettungsanker. Ich dachte mir: »Vielleicht ist es doch nicht so verkehrt, dass es mir schon derart lange so schlecht geht. Und vielleicht ist das, was ich gerade durchmache, ja tatsächlich für etwas gut.« Der Gedanke, dass ich meine stürmischen Zeiten nicht nur für mich durchmachte, sondern es eine Vorbereitung war, um irgendwann auch anderen auf ihrem Weg helfen zu können, gab mir eine unvorstellbare Kraft. Fortan sah ich meine Situation nicht mehr als verschwendete Zeit, sondern als eine Art Ausbildung.

Inspirationen können wahre Wunder bewirken, und damit sind nicht nur andere Menschen gemeint. Hast du zum Beispiel schon mal erlebt, dass du ziellos durch einen Buchladen spaziertest und dir plötzlich aus all den Schmökern ein bestimmtes Buch ins Auge stach, ja, dass es dich fast sogar schon ansprang? Dafür ist deine Seele verantwortlich, die mit dir kommuniziert und dir eine Inspiration schickt.

Inspirationen sind etwas Schönes, und wir können sie in so vielen Bereichen – wie in der Natur, an bestimmten Orten, in Filmen oder in der Musik und anderem – finden. Gerade wenn sich in uns schon die erste Öffnung vollzogen hat und wir nicht mehr vollständig im Traum des Egos gefangen sind, kann uns unsere Seele mit dem Kanal der Inspiration wunderbar und sanft helfen. Die Kraft, die in einer Inspiration stecken kann, sorgt dafür, dass die Menschen sich freiwillig bewegen und keinen großen Leidensdruck brauchen.

Zeichen

Kommen wir nun zur Kommunikation der Seele für Fortgeschrittene. Wenn ein Mensch sich noch komplett in den Fängen des Egos befindet, ist es so, als hätte er Scheuklappen an den Augen. Seine Wahrnehmung ist stark eingeschränkt, und er betrachtet das Leben nur durch die Filter seines Ego-Verstandes. Für die Magie des Lebens ist hier noch kein Platz. Wie eine sich selbst erfüllende Prophezeiung projiziert das Ego alle vergangenen Erlebnisse auf das gegenwärtige Leben und erwartet stets dasselbe Ergebnis.

Wer bereits mit seiner Intuition, der Stimme der Seele, wieder besser verbunden ist, erkennt, dass das Leben nicht linear verläuft und sich manchmal jeglicher Logik entzieht. Man ist offen für Wunder und Zeichen geworden. Die Seele freut das natürlich sehr, denn sie will ja gar nicht immer die Brechstange auspacken müssen, um uns zu helfen, damit wir erkennen, wer wir wirklich sind. Und einmal an diesem Punkt angekommen, kann es tatsächlich sehr viel Spaß machen, wie ein kleiner Detektiv die Botschaften der Seele zu übersetzen. Es fühlt sich dann so an, als hätten wir auf unserem Floß des Lebens plötzlich eine Funkverbindung zum Captain, der uns durch verschlüsselte Botschaften sicher über das Wasser navigiert.

Hier mal ein Beispiel. Hattest du das auch schon mal in deinem Leben, dass du etwa von jetzt auf gleich an einen Freund gedacht hast, mit dem du schon länger nicht mehr in Kontakt standest, und dass er im nächsten Moment anruft? Eventuell hatte dieser Freund im Telefongespräch dann sogar noch Worte für dich, die dir in deiner aktuellen Situation halfen? Der Schweizer Psychiater C. G. Jung verwendete für solche ursächlich nicht zusammenhängenden, dennoch sinnvoll gleichzeitig stattfindenden Ereignisse den Begriff »Synchronizität«. Mit dem logischen Verstand ist so etwas nicht zu begreifen, doch Zeichen und Wunder warten überall, wenn wir gelernt haben, unseren Horizont zu erweitern. Zeichen zu erkennen und zu deuten, hilft uns, in den Fluss des Daseins einzutauchen und Vertrauen aufzubauen, dass wir stets vom Leben getragen werden. Es gibt schier unendliche Möglichkeiten, solche Zeichen zu erhalten: Menschen, mit denen wir sprechen, die plötzlich genau das Thema aufmachen, an das wir die letzten Tage gedacht haben. Ein Lied im Radio, das in dem Moment abgespielt wird, als wir die Melodie schon im Kopf hatten. Ein Zitat, das wir beim hypnotischen Scrollen durch unseren Instagram-Feed entdecken und uns genau bei unserer aktuellen Situation hilft. Es gibt auch Zeichen, die man selbst hervorrufen kann. Zum Beispiel, indem man eine Karte eines Tarot-Decks zieht. Auch hier ist es verblüffend, wie akkurat doch die Botschaften in einer Karte für uns sein können.

Als ich mich auf meinem Weg für Zeichen öffnete, begegneten mir plötzlich überall bestimmte Zahlen. Ich schaute auf meinen Wecker: 22.22 Uhr. Ich ging spazieren und blickte auf ein Gebäude: Hausnummer 22. Ich war auf der Autobahn, und das Fahrzeug vor mir hatte im Kennzeichen die Zahl 222. Im ersten Moment dachte ich natürlich, das wäre alles Zufall, bis es immer und immer wieder passierte und teilweise so, als hätte jemand meinen Kopf in die Richtung gedreht, wo diese Zahlen mir dann ins Auge stachen. Irgendwann begann ich den Zusammenhang zu erkennen, denn es war auffällig, dass ich stets dann diese Zahlen sah, wenn ich in Gedanken des »Zwei-felns« versunken war. Es war wie, als würde mir meine

Seele über diesen Kanal sagen wollen. »Mach dir keinen Kopf, mein Lieber, alles ist gut, vertraue einfach.«

Mit der Zeit wurden die Zahlen ein super Feedback-Mechanismus für mich und meinen Weg. Meine Seele schickte mir sowohl Zahlen, die mir zeigten, dass ich auf dem richtigen Weg war, als auch welche, die andeuteten, dass ich vom Weg abgekommen war.

Kleiner Funfact an dieser Stelle: Während ich in diesem Moment an meinem Laptop sitze und genau diese Zeilen schreibe, hat es meine Augen ungelogen gerade vom meinem Laptop Richtung Uhr gezogen, und ich sehe: 11.11 Uhr. Und mein Akku hat noch 11 Prozent. Ich deute das mal als gutes Zeichen. Und ja, ich sollte meinen Laptop laden …

Wichtig bei dem Thema ist nur, dass man sich nicht darin verliert und den ganzen Tag damit verbringt, Zeichen zu suchen und zu deuten. Sonst verliert man auch die Bodenhaftung. Zeichen kommen automatisch.

Deine Schattenthemen und die Spiegel deines Lebens

Wunderbar, lass uns nun auf Schatzsuche gehen und herausfinden, welche deiner Lebensthemen und Schattenseiten noch verhindern, dich mit deinem Innersten zu verbinden. Und ich kann es an dieser Stelle nur nochmal betonen: Auch wenn du im folgenden Abschnitt an schmerzhafte Themen erinnert werden könntest, die dich vielleicht schon ein Leben lang plagen – du wirst sie überwinden können und mit jeder Schattenseite, die du entdeckst, wertvolle Schritte zu deinem wahren Ich gehen und dem friedvollen Gefühl, alles in dir zu haben. Deswegen lade ich dich dazu ein, die folgenden Zeilen mit einer gewissen Vorfreude zu lesen. Denn mit jedem gefundenen Thema, jeder verdrängten Emotion und jedem negativen Glaubenssatz, die dich betreffen, ist es, als würdest du durch einen Supermarkt der Schatztruhen marschieren und dir die aus dem Regal nehmen, die für dich relevant sind, um sie zu Hause zu öffnen.

Ich werde dir nun einen Überblick über die wesentlichen Lebensbereiche und Menschen geben, die dich an deine Schattenseiten erinnern, in der Hoffnung, dass wir auf Gold stoßen. Um nicht Gefahr zu laufen, dass du die wertvollen Erkenntnisse, die du haben wirst, und die Themen, die du findest, wieder vergisst, während du weiterliest, kannst du alle Schattenseiten, die dir im Laufe dieses Abschnitts bewusst werden, direkt in die Listen im Praxisteil eintragen. So wird es richtig Spaß machen, denn während du das Buch zu Ende liest, kannst du dich schon auf all die Goldschätze freuen, die dann auf dich warten.

Das Spiegelgesetz

Spieglein, Spieglein an der Wand, was zeigst du mir, was ich im Inneren noch nicht fand? – Wie schon angedeutet, brauchen wir im Spiel des Lebens unsere Außenwelt, damit wir erkennen können, wer wir sind und wer wir nicht sind. Und da unsere Seele wohl ziemlich auf Entwicklung abfährt, sorgt sie dafür, dass wir am Anfang unseres Lebens durch schmerzhafte Erfahrungen, die wir verdrängen, erst einmal ordentlich Schattenseiten sammeln. Wenn wir von Anfang an nur Licht wären hier auf Erden, hätte unsere Seele ja gleich zu Hause bleiben können. Und so gehen wir, durch unsere Schattenseiten getrennt von der Einheit, aus der wir kommen, durch unser Leben. Durch äußere Einflüsse werden wir dann wieder und wieder an unsere Schattenseiten erinnert, bis wir sie als solche erkennen.

Dieser Vorgang wird als »Spiegeln« bezeichnet. Idealerweise nutzen wir die äußeren Einflüsse, um nach innen zu blicken und die Trennung in uns zu überwinden. Und genau das gehen wir nun zusammen an. Denn egal, wie stürmisch dein Leben gerade ist, es geht nur darum, deine innere Entsprechung zu wandeln. Stürmische Zeiten in deinem Leben, gleich, in welchem Bereich, sind am Ende des Tages Emotionen und Muster, die aufgrund einer Situation im Außen hochkommen, jedoch wandelbar sind. Wir haben immer die Chance, mit dem Hier und Jetzt in Frieden zu kommen.

Als Buddha zum Beispiel einmal gefragt wurde, was das Geheimnis seiner Erleuchtung sei, hat er nur ganz knapp geantwortet: »Ich habe nichts gegen das, was passiert.« Diese vermeintlich banale Aussage beschreibt ziemlich treffend, was geschieht, wenn wir die Spiegel im Außen nutzen, um unsere inneren Schattenseiten zu wandeln. Wir verschmelzen mit der Gegenwart, weil sie nichts Schmerzhaftes mehr in uns auslöst. Es ist jener Zustand, in dem wir mit unserem wahren Ich verbunden sind.

Die Spiegel erkennen

Wenn wir achtsam durchs Leben gehen, ist es ziemlich leicht, die Spiegel in unserer Außenwelt zu identifizieren. Sobald wir unser Befinden und unsere Gedanken beobachten, können sie uns Aufschluss darüber geben, welche Ego-Themen in bestimmten Situationen in unserem Leben angetriggert werden. Folgende Indizien sprechen dafür, dass wir mit einem Thema in Resonanz gehen:

- **Das Energielevel sinkt:** Gewissermaßen sind unsere Schattenseiten auch gestaute Lebensenergie. Verdrängte Gefühle und Muster leben in unserem Unterbewusstsein und warten auf Erlösung. Wenn wir durch einen Trigger im Außen an ein Schattenthema erinnert werden, verbrauchen wir viel Energie dabei, falls wir es unbewusst zu deckeln versuchen. Sobald wir es schaffen, das Thema zu transformieren, fühlen wir uns nicht nur besser. Es wird zudem auch eine Menge Lebensenergie frei, die wir für uns nutzen können.
- **Unsere Gedanken driften in die Vergangenheit oder Zukunft:** Unser Ego will uns bekanntlich davor schützen, was wir nicht auszuhalten glauben. Wenn wir also einen gegenwärtigen Moment nicht ertragen können, weil er uns an eine verdrängte Wunde erinnert, beginnt das Ego, uns mit seinen Gedanken aus dem Hier und Jetzt hinwegzutragen. Befinden wir uns zum Beispiel in einem heftigen Streit mit unserem Partner, könnte es uns positive Gedanken in Richtung Zukunft schicken, wie: »Ach, wenn es zu Ende gehen sollte, werde ich halt mit jemand anderem glücklich.« In diesem Fall würde es uns vor dem Schmerz ablenken, der im gegenwärtigen Moment warten würde. Oder es könnte uns negative Gedanken in Richtung Vergangenheit schicken, etwa: »Oje, in der Kindheit hat es ja schon so weh getan, als wir verlassen wurden. Wahrscheinlich passiert uns das jetzt wieder.« In diesem Fall würde es uns vor dem drohenden Schmerz warnen.
- **Wir beginnen zu bewerten:** Mit Bewertungen versucht unser Ego ebenso, uns aus dem gegenwärtigen Moment zu ziehen und uns vor Schmerzen zu bewahren. Wenn

es uns beispielsweise vor dem mangelnden Selbstwert beschützen will, der noch in uns sitzt, neigt es dazu, uns Gedanken zu schicken, die andere Menschen in besser oder schlechter als wir einteilt.

- **Es zeigen sich belastende Emotionen:** Wenn eine Situation in unserem Leben recht stark mit einem inneren Thema von uns in Resonanz geht, so können sich auch direkt die verdrängten Emotionen zeigen, wie zum Beispiel eine Angst. Hier ist es wichtig zu wissen, dass nur, weil sie hochkommen und sich zeigen, sie noch nicht gelöst sind. Wenn das Ungeheuer sich kurz mal aus den Tiefen des Meeres zeigt, wurde es ja auch noch nicht besiegt. Es geht einmal mehr darum, die Emotionen zu integrieren und vollkommen eins mit ihnen zu werden.

Diese Indizien sind ein zuverlässiger Feedback-Mechanismus, um dich bei deiner »Schatzsuche« zu unterstützen. Wenn sich ab sofort in deinem Leben eines dieser vier Zeichen zeigt, lohnt es sich, für einen Moment innezuhalten und dich zu fragen, welches verdrängte Schattenthema dahintersteckt, um es dann zu lösen, wenn du den Raum und die Zeit dafür hast.

Eltern und Schatten

Um deine Schattenseiten in den Themen deines Lebens zu finden, lass uns gleich zu einem ganz wertvollen Goldschatz kommen, der nur darauf wartet, von dir geborgen zu werden. Es geht um die lieben Eltern. Unsere Eltern waren die erste große Liebe unseres Lebens. Als Kinder konnten wir gar nicht anders, als sie förmlich zu vergöttern, und wir taten einfach alles, um von ihnen zurückgeliebt zu werden.

Und genau hier beginnt auch schon das erste große Trauma für viele von uns. Wenn wir noch ganz klein sind, sind wir auf die Liebe und Aufmerksamkeit unserer Eltern angewiesen, da wir sie uns noch nicht selbst geben können. Die Enttäuschung ist groß, wenn wir feststellen, dass sie uns leider nicht mit allen Aspekten unserer selbst lieben und akzeptieren können. Denn sie sind vielfach tief in sich selbst auch noch verletzte Kinder, die ebenfalls nicht für das geliebt wurden, was sie sind.

Unsere Eltern nehmen uns durch ihren eigenen Filter der Trennung in sich und ihre Ego-Muster wahr. Wenn es ihnen in ihrer Kindheit zum Beispiel nicht vergönnt war, mutig und selbstbewusst zu sein, so lehnen sie es automatisch auch bei uns ab oder bestrafen es sogar. Und so verdrängen wir Anteil für Anteil in den Schatten und verbiegen uns teilweise bis zum Gehtnichtmehr, um wenigstens ein kleines bisschen vom Kuchen der elterlichen Liebe abzubekommen. Und wenn wir nicht aufwachen, so prägen wir, auch wenn wir uns noch so sehr schwören, alles anders als unsere Eltern zu machen, unsere Kinder auf dieselbe oder zumindest ähnliche Weise. Und so geht das Ganze Generation für Generation. So lange, bis diese eine mutige Seele erscheint. Es ist diese eine mutige Seele, die die Stärke besitzt, die Fesseln zu sprengen und tief hinabzutauchen, um die Wunden zu transformieren. Sie nimmt alle Anstrengungen in Kauf, zu ihrem wahren Ich zurückzufinden, um schlussendlich den Kreislauf der Vorfahren zu durchbrechen.

Diese mutige Seele bist *du!* Wenn es dir während der Lektüre dieses Buches bisher noch nicht ganz klar wurde, so hoffe ich, dass es dir spätestens jetzt bewusst wird, wie großartig du bist auf dem Weg, den du gehst. Mit deinem mutigen Unterfangen, zu deinem wahren Ich zurückzukehren, kommst du nicht nur in Frieden mit dir selbst. Du befreist gleichzeitig auch deine Vorfahren auf energetischer Ebene mit. Und glaub mir, in höherer Sphäre blicken sie voller Erstaunen und Demut auf dich herab und verneigen sich liebevoll vor dir.

»Wenn du glaubst, erleuchtet zu sein, verbringe ein Wochenende mit deinen Eltern.« Ich liebe diesen Spruch, da er so treffend beschreibt, wie tief die Verletzungen bezüglich der Eltern oft noch sitzen. Doch wo viel Schatten, da auch viel Licht. In der Kindheit fanden die entscheidenden Prägungen statt, und das Ego wurde geboren. Obwohl dir dein jetziges Leben sowieso deine Kindheitswunden spiegelt, so lohnt es sich dennoch zurückzublicken, um zu erkennen, wie alles begann.

Im Folgenden werde ich dir einige Modelle und Themengebiete bezüglich der Eltern näherbringen, in denen du dich bestimmt an mancher Stelle wiederfinden wirst. Sei also wachsam, denn du weißt ja: Sich über deine Themen bewusst zu werden, ist schon mehr als die halbe Miete, um sie schließlich zu transformieren.

Die Rollen, die wir spielen

Sicher kannst du dich noch an die Seele aus einem früheren Kapitel erinnern, die sich voller Freude dazu entscheidet, als Mensch zu inkarnieren, um Erfahrungen zu machen und zu wachsen. Bevor wir hier auf die Erde kommen, suchen wir uns im Katalog der Seelenerfahrungen auch unsere Eltern aus und wissen bereits, welche Wunden sie uns zufügen werden. Das

Spiel von Licht und Schatten soll ja schließlich einen Lerneffekt haben; und so werden wir durch die Wunden, die uns unsere Eltern zufügen, mit Dunkelheit umhüllt, um sie idealerweise an einem Punkt unseres Lebens zu überwinden und zu erkennen, dass wir das Licht sind.

Dabei sei noch einmal darauf hingewiesen, dass wir damit keine Gewalt oder sonstige Übergriffe seitens der Eltern oder anderer (erziehungsbefugter) Menschen bagatellisieren oder gar legitimieren wollen. Uns liegt es vor allem am Herzen, dass du stark aus diesem ganzen Geschehen hervorgehst.

Ein Meilenstein ist bereits, wenn wir uns unserer Wunden überhaupt erst einmal bewusst werden. Denn die Seele verbringt viele Leben damit, die Traumen immer wieder zu erfahren und besser kennenzulernen. Sie reift daran, um schließlich soweit zu sein, sie in einer Inkarnation zu überwinden. Und ich glaube fest daran, dass du genau in diesem Leben angekommen bist.

Du bist nun bereit, dein Ego, das dich bis zuletzt vor den verdrängten Verletzungen beschützen will, zu entlarven und die Rollen, die du bis zuletzt gespielt hast, endgültig abzulegen. Im Folgenden stelle ich dir die wichtigsten Rollen vor, die das Ego zu spielen vorgibt, und erkläre, welche Verletzungen dahinterstecken, sodass du sie erkennen und später lösen kannst. Es ist nur eine beispielhafte Auswahl; es gibt noch mehr davon, etwa die des »Retters der Familie«, die in anderem Zusammenhang beleuchtet werden. Die Rollen kommen auch nicht unbedingt in Reinform vor, sind also im Positiven wie im Negativen idealisiert, und die Übergänge sind fließend. Außerdem gilt das Gesagte mehr oder weniger entsprechend für alle Geschlechter. In der Rolle des Bosses beispielsweise mag sich also durchaus auch eine Frau wiedererkennen. Es kann darüber hinaus sehr gut sein, dass du dich in mehreren oder sogar allen Rollen wiederfindest. Oft wechseln wir sie im Lauf unseres Lebens auch, je nachdem, in welcher Situation wir gerade sind.

Ach ja, was ich dir noch sagen wollte: Ich habe mich bemüht, den jeweiligen Rollen humorvolle Namen zu geben, um die Sache anschaulicher zu machen und das Ganze etwas aufzulockern. Damit ist keine Wertung verbunden. Fühl dich also nicht angegriffen, wenn eine oder mehrere Beschreibungen weitestgehend auf dich zutreffen sollten.

Die Klette

»Bitte verlass mich nicht, ich tue alles, was du willst.« Diese oder ähnliche Sätze könnte man von Menschen hören, welche in die Rolle der Klette geschlüpft sind. Sie haben schon früh im Elternhaus gelernt, dass sie ganz gut durchs Leben kommen, indem sie sich besonders angepasst und brav verhalten. Wenn sie einen wichtigen Termin und keine Zeit für dich hat, ist die Klette jemand, die sich tausendfach entschuldigt und dir versichert, dass sie das nächste Mal ganz sicher Zeit für dich hat. Sie ist gefühlt immer da, und wenn man nicht aufpasst, beginnt man gern, sie quasi als etwas Selbstverständliches, »zum Inventar Gehörendes« zu sehen.

Die Klette hat ihre Antennen weitestgehend nach außen auf ihre Mitmenschen gerichtet, und ihre große Intention ist, von so vielen Menschen wie möglich gemocht zu werden. Um dies zu erreichen, stellt sie ihre eigenen Bedürfnisse komplett hintan oder spürt sie erst gar nicht. Auch in ihrem Job übernimmt die Klette gern zusätzliche Aufgaben; und wenn ihr Chef sie nach unbezahlten Überstunden fragt, so sagt sie selbstverständlich zu, ohne zu zögern. Sie ist so »gütig«, dass sie ihren Mitmenschen, selbst wenn sie von ihnen mehrfach belogen, betrogen oder versetzt worden ist, immer wieder eine Chance gibt.

Das ist auch der Grund, warum sie in Beziehungen trotz ihres versöhnlichen Wesens gern mal verlassen wird. Denn ihren Partnern wird es mit ihnen auf Dauer oft langweilig, und sie verlieren den Respekt vor ihnen. Die Klette versteht dann die Welt nicht mehr und fällt üblicherweise erst einmal in ein noch tieferes Loch, als es andere Menschen nach einer Trennung tun. Ist es aussichtslos, den Partner zurückzugewinnen, so ist sie meistens, noch bevor sie die Trennung überhaupt verarbeitet hat, schnell auf der Suche nach einer neuen Beziehung. Ob der neue Partner dann überhaupt zu ihr passt, ist zweitrangig, denn auf keinen Fall will sie lange allein bleiben. Dafür schraubt sie ihre Ansprüche auch gern herunter. Auch die Kennenlernphase würde sie am liebsten überspringen und so schnell wie möglich zusammenziehen.

Auf den ersten Blick wirkt die Klette wie einfach nur ein Mensch, der »zu lieb für diese Welt« ist und ein großes Bedürfnis nach Nähe hat. Doch weit gefehlt. Dem Verhalten liegt nämlich eine äußerst ausgeklügelte Vermeidungsstrategie zugrunde, die ihr Ego für sie bereitgelegt hat. Es hat ein schlaues Konzept kreiert, um sicherzugehen, diese eine große Wunde, die sein Leben bestimmt, niemals mehr spüren zu müssen. Es ist der Schmerz des Verlassenwerdens. Schon in der Kindheit nahm sie diese Verletzung, die zum Beispiel durch den Verlust eines Elternteils entstanden ist, als so bedrohlich wahr, dass sie sie gern in ihre innere Schatztruhe gab und ganz tief in ihrem Meer des Unterbewusstseins versenkte, um sie loszuwerden. Das Ego beschützte diesen Menschen fortan, indem er die

Rolle verinnerlichte, möglichst umgänglich zu sein, um bloß keine anderen Menschen gegen sich aufzubringen oder sie zu verlieren. Die Sicherheit, die es damit im Außen bekommt, ist ihm die nötige Nahrung, um die Wunde unter Verschluss zu halten.

Auch ich habe lange Zeit die Rolle der Klette gespielt, damit ich die Verlassenheitswunden aus meiner Kindheit nicht mehr spüren musste. Meine Mutter hatte mich in den entscheidenden Kindheitsjahren so behütet, dass ich nicht lernte, die Welt für mich selbst zu entdecken. Ich begann, eine große Angst vor dem Leben zu entwickeln und davor, allein dazustehen. Außerdem ging mein Vater sehr in seiner Arbeit auf, was ich als Kind zusätzlich als ein Verlassenheitsgefühl wahrnahm. Und um die Sache perfekt zu machen, ließen sich meine Eltern dann auch noch scheiden.

Für lange Zeit war mir absolut nicht klar, dass mein Klettenverhalten nur eine Rolle war, bis sie mir im Laufe meines Erwachensprozesses immer wieder gespiegelt wurde. Denn obwohl ich meine Rolle als der liebe und brave Julian so perfekt spielte, passierte mir immer öfter genau das, was ich insgeheim vermeiden wollte: Ich wurde verlassen. Letztlich konnte ich sie zum Glück überwinden, was für mich persönlich einer der größten Durchbrüche meines Lebens war.

Menschen mit der Rolle der Klette sind vor allem in ihrer männlichen Energie blockiert. Sie »verschmelzen« permanent mit ihren Mitmenschen, weil sie sich nicht gut abgrenzen können. Ist ja auch ganz logisch, denn ein Mensch, der sich abgrenzt, indem er zum Beispiel einem anderen Menschen ein »Nein« gibt, läuft natürlich Gefahr, nicht mehr gemocht und verlassen zu werden. Lebensfreude zu fühlen, gestaltet sich zusätzlich als schwierig für die Klette, da sie kaum die eigenen

Bedürfnisse wahrnimmt und umsetzt. Aufgrund dessen hängt ein Mensch mit dieser Rolle auch vermehrt in einem Job fest, der ihn nicht erfüllt.

Positiver Endzustand: Hat die Klette ihre Verletzung überwunden, spürt sie sich und ihre Grenzen endlich. Sie gewinnt dadurch enorm an Lebensfreude und Energie, die sie nun für sich und ihre Bedürfnisse einzusetzen weiß. Nicht selten wechseln Kletten in einen Job, der besser zu ihnen passt, oder starten sogar eine neue Karriere. Die Veränderung wird auch äußerlich stark sichtbar, indem sie immens an Ausstrahlung gewinnen und einen selbstsicheren Ausdruck bekommen.

Mögliche Entstehung der Wunde:

- Als Kind längere Zeit allein verbracht, zum Beispiel durch Krankenhausaufenthalt.
- Verlust eines Elternteils (Scheidung/Tod).
- Überbehütung durch die Mutter (Angst vor dem Leben entwickelt).

Der Boss

Ein Mensch in der Rolle des Bosses hat sein Leben voll im Griff. Er kümmerte sich schon immer gut um sich selbst und seine Ziele im Leben und brachte es dadurch meistens auch beruflich weit. Und selbst wenn das nicht zutrifft, dann entsteht bei anderen aufgrund seiner selbstbewussten Ausstrahlung immer noch der Eindruck, dass es so wäre.

Ja, der Boss scheint zu wissen, was er will. Und wenn er es nicht bekommt, dann hat er ein Problem – und nicht selten auch die anderen. Wenn jemand nicht nach seiner Pfeife tanzt, so scheut er sich keineswegs, das zu thematisieren oder Menschen regelrecht aus seinem Leben zu kicken. Ganz nach dem Motto »Friss oder stirb« duldet er selten jemanden in seinem Umfeld, der nicht in sein Bild passt.

Auf Beziehungen lässt er sich schon ein, solange sie ihn nicht zu sehr bei seinem ausgefüllten Tagesablauf stören. Aber auf dieses ganze Romantik-Getue hat er eher keinen Bock. Für ihn muss eine Partnerschaft einfach funktionieren. Deswegen spielen für ihn bei der Partnerwahl gleiche Interessen und Kompatibilität eine viel wichtigere Rolle als diese lästigen Gefühle, die ihn überhaupt nicht weiterbringen. Natürlich sollte der/die Partner*in auch gut aussehen und präsentabel sein, denn die anderen sollen schon auch sehen, wie toll sein Leben ist.

Bewunderung und Respekt zu bekommen sind ihm viel wichtiger, als geliebt zu werden. Die Menschen sollen ruhig die nötige Distanz zu ihm wahren. Perfektion zu verkörpern und stets die Kontrolle im Leben zu haben sind ihm heilig. Andere Menschen beschreiben den Boss oft einerseits als korrekt, zuverlässig und humorvoll, andererseits aber auch als unnahbar, gefühlskalt, oberflächlich und nicht selten auch als arrogant.

Doch was steckt hinter der Rolle des Bosses? Ein Mensch, der dieses Ego-Muster fährt, hat in seiner Kindheit durch die Eltern Verletzungen seiner Gefühlswelt erfahren. Für seinen weichen Kern war kein Platz, und Liebe und Nähe von den Eltern zu bekommen gestaltete sich als schwierig. Er merkte, dass er zumindest ein klein wenig Aufmerksamkeit und Anerkennung bekam, wenn er eine Aufgabe gut erledigte.

Bei vielen Boss-Charakteren kam es auch zu Situationen in der Kindheit, in denen das Vertrauen gebrochen wurde, zum

Beispiel durch körperliche Gewalt oder sogar Missbrauch. Unter großen Schmerzen beschloss der Betreffende nun, nicht mehr zu leiden, und verdrängte seine Wunden ganz tief ins Unterbewusstsein. Er schmiedete einen Masterplan mit seinem Ego, einfach eine dicke Schutzmauer um seine Gefühle zu errichten, sodass er nicht mehr fühlen musste und niemand anders ihn mehr verletzen könnte. Um genug Nahrung zu bekommen, einigten die beiden sich auf die Taktik, immer besonders perfekt und zielstrebig durchs Leben zu gehen, um dadurch im Außen Aufmerksamkeit und Bewunderung zu ernten.

Menschen, die diese Rolle spielen, haben es nicht gerade leicht, sie zu überwinden. Sie sind zu Beginn meist weit davon entfernt, sich einzugestehen, dass mit ihnen oder ihrem Leben etwas nicht stimmt. Häufig muss die Seele den Vorschlaghammer auspacken, um das Bewusstsein für die verdrängten Wunden zu schaffen. Burn-out oder körperliche Krankheiten sind hier nicht selten das Mittel der Wahl für die Seele.

Manchmal schickt die Seele dem Boss auch einen anderen Menschen, der sehr schnell so tief sein Herz berührt, dass er die Kontrolle zu verlieren droht. Im ersten Moment nimmt er erst einmal Reißaus, denn nichts macht ihm mehr Angst als seine eigene Gefühlswelt und der durch sie drohende Kontrollverlust seines Verstandes. Aufgrund seiner Prägung ist er so darauf trainiert, seine Erfüllung im Außen zu suchen, dass er ein wahres Genie darin ist, sich mit den Ablenkungen des Lebens beschäftigt zu halten. Das tut er meistens so lange, bis ihm die Kraft ausgeht und seine Gefühlswelt ihn förmlich überrollt.

In meiner Praxis suchten mich schon häufig Menschen mit diesem Trauma auf, die sich nach einem teilweise jahrelangen

Kampf endlich dazu entschieden, ihre Wunden zu transformieren. Es brauchte immer erst einmal eine Weile, bis sie mir vertrauten, aber wenn sie sich schließlich öffneten, war ich stets aufs Neue fasziniert und berührt, wie sensibel und weichherzig sie unter ihrer Maske des Kontrollzwangs doch waren.

Tipp: Auch wenn du dich im ersten Moment nicht in dieser Rolle wiederfindest, so könnte sie dennoch in abgeschwächter Form in dir existieren. Denn obwohl wir glauben, uns in Beziehungen fallenlassen zu können, sitzt bei so manchen von uns doch noch ein gewisser Schutzpanzer ums Herz, der bis zuletzt verhindern will, dass wir verletzt werden könnten.

Positiver Endzustand: Wenn die Verletzungen dieser Wunde überwunden wurden, kann es sein, dass man das Gefühl hat, plötzlich einen anderen Menschen vor sich zu haben. Auch wenn es sich häufig jahrelang hinzieht: Falls seine Maske fällt, dann oft von jetzt auf gleich. Wie ein Vulkan, der lange Zeit unter der Oberfläche brodelt, bis er ausbricht, wird das Herz des Bosses frei gesprengt, und er kann auf einmal Gefühle zulassen. Wo sein Leben und sein Handeln bisher weitestgehend davon bestimmt waren, niemanden so richtig an sich heranzulassen und vor Gefühlen zu flüchten, so hat er nun die Fähigkeit und das Bedürfnis, sich zu öffnen. Er wirkt dadurch auf andere weicher, verletzlicher und weitaus sympathischer. Nicht selten treten die Betreffenden beruflich kürzer, und ihre neu gewonnene Bindungsfähigkeit bewegt sie häufig dazu, eine Familie zu gründen.

Mögliche Entstehung der Wunde:

- Ein Versprechen wurde nicht gehalten: Zum Beispiel von den Eltern: »Wir werden uns nie trennen.«
- Er wurde angelogen.
- Körperliche Gewalt oder Missbrauch.
- Manchmal Verstärkung der Wunde im Erwachsenenalter durch Betrogenwerden.
- Mangel an Nähe und Liebe von den Eltern.

Die Mutti

Man kennt sie, man liebt sie. Menschen, welche die Rolle der Mutti leben, sind unter ihren Zeitgenossen sehr geschätzt. Sie haben stets ein offenes Ohr, sind fürsorglich und schaffen es, dass man sich einfach immer wohl in ihrer Nähe fühlt. Sie sind diese Art Leute, die, wenn man fragt, ob sie kurzfristig bei einem Umzug helfen, pünktlich auf der Matte stehen und sogar noch belegte Brötchen und Getränke für alle mitbringen. Die Mutti ist die gute Fee im Büro, die durch ihre ausgeprägte Empathie für Harmonie am Arbeitsplatz sorgt. Wenn einem ihrer Kollegen mal ein Fehler passiert, so bügelt sie ihn gern aus, ohne viel Aufhebens davon zu machen. Sie ist die, zu der in der Kaffeepause alle gehen, wenn sie wegen eines privaten Problems ihr Herz ausschütten wollen.

Aber so lieb sie auch sein mag, manchmal übertreibt sie es und geht einem dann doch ein klein wenig auf den Geist. Bei einem gemütlichen Essen hat sie ihre Augen überall und neigt dazu, fast schon penetrant zu fragen, ob alles schmecke und ob man denn wirklich schon satt sei. Ganz die Mutti eben. Auch in ihrer Partnerschaft ist sie immer da, wenn man sie braucht.

Wie ein unterwürfiger Diener erledigt sie stets alles, was im Haushalt anfällt. Da sie kaum Bedürfnisse zu haben scheint, hat sie viel Aufmerksamkeit für ihren Partner übrig. Teilweise zu viel. Ihre Art kann für andere des Öfteren auch erdrückend wirken. Wenn man sie mit alldem konfrontiert, so ist ihre Reaktion: »Was hast du denn? Ich wollte doch nur lieb sein.«

Ähnlich wie die Klette ist auch ihr Geduldsfaden in Beziehungen sehr dick. Gütig, wie eine Mutti eben ist, sieht sie über Fehler schnell hinweg und ist daran interessiert, schnellstmöglich wieder Harmonie herzustellen. Denn allein zu sein und nichts zu tun zu haben, gefällt ihr auf Dauer überhaupt nicht. Und so geht sie durchs Leben mit ihrer Mission, sich besonders fürsorglich um andere zu kümmern.

Doch ist sie wirklich so altruistisch? Ist der Mutti-Charakter einfach nur ein lieber und selbstloser Mensch? Versteh mich nicht falsch, natürlich ist es eine schöne Sache, lieb zu seinen Mitmenschen zu sein und sich mal um sie zu kümmern, aber wichtig ist immer die richtige Balance. Denn auch die Mutti hat so einige Schattenseiten in sich, die sie davon abhalten, ihr wahres Ich zu erkennen. Menschen mit dieser Maske haben in ihrer Kindheit Situationen erlebt, in denen sie stark peinlich berührt waren oder sich gedemütigt fühlten.

Hier mal ein Beispiel, um es greifbarer für dich zu machen. Stell dir vor, dass du als Kind mit deinen Freunden spielst und aus Versehen den Ball durch das Fenster deiner Eltern ballerst. Dein Vater bekommt davon Wind und läuft wutentbrannt auf dich zu. Er zieht dir vor versammelter Mannschaft die Hosen runter und versohlt dir den Hintern. Und als wäre das nicht schon schlimm genug, so fangen deine Freunde sogar noch an, dich auszulachen. Du unterdrückst deine Tränen, ziehst dich in dein Zimmer zurück und ziehst dir die Decke über den

Kopf. Du spielst die Situation innerlich immer wieder durch, während eklig schmerzhafte Gefühle von Peinlichkeit und Demütigung dich förmlich von innen ausfressen. Auf keinen Fall willst du dieses Gefühl jemals wieder durchmachen müssen. Was denkt sich also dein Ego aus, um dich davor zu bewahren? Es rät dir, ab sofort wachsam zu sein. Die Antennen auf deine Mitmenschen zu richten und stets freundlich zu sein. Es rät dir, immer einen Schritt schneller zu sein als die anderen, sodass kein Raum entsteht, dass dir eine Peinlichkeit unterlaufen könnte.

Menschen mit dieser Rolle brennen oft aus oder bekommen Depressionen, da sie sich nicht hinreichend oder gar nicht um sich und ihre Bedürfnisse kümmern.

Positiver Endzustand: Wenn die Mutti ihr Rolle aufgegeben hat, behält sie dennoch ihre liebenswerte Art bei. Sie hat jedoch gelernt, die richtige Balance zu finden. Ein ganz neues Lebensgefühl breitet sich in ihr aus, da sie sich nun erlaubt, auch auf sich zu schauen und ihr Leben zu genießen. Auch auf ihren Partner wirkt sie nun noch attraktiver, weil sie sich nun abgrenzen und somit ihrem Gegenüber eine gesunde Reibungsfläche bieten kann, die anziehend wirkt. Manchmal kommt es auch zur Trennung, da sie eine mögliche Bedürftigkeit des Partners, bemuttert zu werden, auf einmal nicht mehr bedient.

Mögliche Entstehung der Wunde:

- Mehrere Situationen, in denen man sich peinlich berührt oder gedemütigt gefühlt hat.
- Missbrauch oder Gewalt werden vom Kind oft auch als Demütigung wahrgenommen.

Der Träumer

Der Träumer ist ein eher unauffälliger Zeitgenosse, der sich gerade bei Menschen, die Aufmerksamkeit lieben, äußerster Beliebtheit erfreut. Man kann ihm stundenlang von seinem Leben erzählen, und mit fast hypnotischem Blick nickt er stets verständnisvoll und denkt nicht eine Sekunde daran, die Unterhaltung zu beenden. Ja, er genießt es sogar, ein Teil des Lebens anderer zu sein, denn zu viel Wirbel um ihn selbst ist ihm gar nicht so recht.

Der Träumer ist der Charakter, den man nach einer guten Party fragt: »Ach, du warst auch da? Bist mir gar nicht aufgefallen.« Er ist der, den der Lehrer im Unterricht wütend aufruft und fragt: »Was habe ich gerade gesagt? Träumst du schon wieder? Kannst du nicht ein einziges Mal dem Unterricht folgen?«

Der Träumer ist ein Meister seines Fachs und verpasst keine Gelegenheit, sich aus dem Alltag zu stehlen und sich in seine Welt zurückzuziehen. Diese Tatsache macht es ihm schwer, im Leben Fuß zu fassen, sodass er beruflich oft weit unter seinen Möglichkeiten bleibt.

In Beziehungen ist er oft mit Boss-Charakteren zusammen, die eine starke Präsenz haben und froh sind, wenn sich alles um sie dreht. Ein perfektes Match, denn der Träumer liebt es, im Leben eines anderen zu verschwinden. Je besser er seinen Partner kennt, desto deutlicher weiß er auch, wann er in Gesprächen oder Aktivitäten in seine Traumwelt flüchten kann. Er ist dann zwar körperlich präsent, aber sein Wesen ist schwer zu greifen.

Doch nicht immer funktioniert seine Taktik reibungslos. Wenn er in Situationen gerät, in denen er mehr als üblich gefordert ist, präsent zu sein, wird ihm schnell alles zuviel. Alles in ihm beginnt, eng zu werden, und Panik steigt auf. Sein Plan B wird aus der Schublade geholt, und er sucht händeringend nach Möglichkeiten, anstatt wie bisher nur gedanklich, körperlich zu flüchten. Seine Platzangst treibt ihn dazu an, Orte aufzusuchen, an denen er möglichst vollkommen allein ist. Dort kann er sich von seinem Schock erholen und endlich wieder in seine Traumwelt flüchten. Doch warum tut er das?

Wer in die Rolle des Träumers geschlüpft ist, unternimmt förmlich alles, um nicht an sich und seinen Wesenskern erinnert zu werden. Meistens wurde der Träumer in früher Kindheit durch Erlebnisse mit seinen Eltern traumatisiert, in denen er sich zutiefst abgelehnt fühlte. Dieser unerträgliche Schmerz, nicht willkommen zu sein, ließ ihm keine andere Wahl, als ihn von sich abzuspalten und zu verdrängen. Der naheliegende Fahrplan, den ihm sein Ego vorschlägt, ist, einfach so zu tun, als wäre er gar nicht da, um nicht Gefahr zu laufen, diese Schmerzen jemals wieder erleben zu müssen. Um genug Nahrung zu bekommen, liefert er sich seinen Mitmenschen aus und hofft, dadurch Annahme und Liebe zu erhalten.

Wie du gelesen hast, war diese Wunde, gepaart mit der Erfahrung des Verlassenwerdens, meine Hauptwunde im Leben. Im Nachhinein betrachtet, kann ich entspannt und mit einer gewissen Faszination darauf zurückblicken, wie stark doch mein Ego damals versuchte, mich vor dieser Wunde zu beschützen. Als sie mir damals in Hamburg das erste Mal so richtig gespiegelt wurde und alle Taktiken versagten, dachte ich tatsächlich oft nicht, dass ich das Ganze überleben würde, so viel Panik spürte ich in mir. Es ist total verrückt, denn von außen betrachtet, schien mein Leben total in Ordnung. In mir jedoch brach die Hölle los.

Träumer-Charaktere haben durch ihr »feinstoffliches Wesen« meistens ein hohe Empathiefähigkeit, was ihnen jedoch nicht selten zum Verhängnis wird. Sie spüren manchmal regelrecht die Gefühle anderer, als wären es ihre eigenen, woraufhin sie eine Menge Energie verlieren und teilweise sogar depressiv werden.

Positiver Endzustand: Wenn der Träumer nicht mehr träumen muss, weil er seine Verletzungen geheilt hat, wartet ein neues Leben auf ihn. Endlich ist er auf der Erde angekommen und entdeckt die Freude des Lebens. Häufig sucht er sich neue Hobbys, um sein erwachtes Bedürfnis, am Leben teilzunehmen, zu festigen. Seine Mitmenschen nehmen ihn auf einmal viel deutlicher wahr, und ab und zu verlieben sie sich in ihn, obwohl sie ihn schon Jahre zuvor kannten. Er wirkt einfach viel präsenter!

Mögliche Entstehung der Wunde:

- Tiefe Ablehnungsgefühle durch die Eltern.
- Überbehütung durch die Mutter (wird vom Kind auch häufig als Ablehnung gedeutet).

Der Starrhals

»Mach dich doch mal locker« ist ein Satz, den der Starthals wohl des Öfteren in seinem Leben hört. Er wird von seinen Mitmenschen gern als steif und kleinlich beschrieben, aber auch als verlässlich und authentisch. Für den Starrhals ist es besonders wichtig, dass alles im Leben fair und gerecht zugeht. Häufig kann man ihn schon an seinem strengen Blick erkennen, der daran erinnert, wie ein Lehrer gerade voller Konzentration die Mathearbeit korrigiert. Wenn du mit ihm in ein Restaurant gehst und nach einem wundervollen Mahl vorschlägst, die Rechnung doch einfach durch zwei zu teilen, könnte es sein, dass er dir antwortet: »Ähm, sorry, ich hatte aber nur ein Getränk im Gegensatz zu deinen zwei. Bitte lass uns das ordentlich trennen.« Wenn man ihn daraufhin befremdet anschaut, wundert er sich, denn in seinen Augen ist sein Vorschlag ja einfach nur fair.

Nicht immer ist es leicht, mit einem Starrhals befreundet zu sein. Klar, er ist stets ehrlich zu dir, wird pünktlich zu jedem Treffen erscheinen und, wenn es ihm nicht zu spontan ist, dir auch immer helfen. Doch manchmal hat man das Gefühl, dass etwas fehlt, und kann es sich angesichts seiner steifen Haltung nicht verkneifen, ab und zu mal zu denken: »Mann, bitte nimm doch einmal den Stock aus deinem Allerwertesten.«

Und der Punkt, an dem bei ihm schnell der Ofen ausgeht, wird bei Konflikten und Diskussionen erreicht. Wenn man mit ihm in ein Streitgespräch gerät, will er nicht nur um jeden Preis recht behalten. Es kann auch gut sein, dass er auffällig schnell seine Arme verschränkt und mit ihm nicht mehr zu reden ist.

Nicht unproblematisch ist auch seine Situation am Arbeitsplatz. Präzise wie eine Maschine erledigt er gewissenhaft alles, was ihm aufgetragen wird, was natürlich Punkte beim Chef bringt. Doch Social Skills im Umgang mit seinen Mitarbeitern sind nicht gerade seine Stärke. Verhaltensweisen, die den Arbeitsalltag auflockern, wie etwas Smalltalk und Humor, findet er eher befremdlich. Ihm ist wichtiger, dass alles seine Ordnung hat und gerecht zugeht.

In Beziehungen findet er häufig eine Partnerin, die ebenso ein Starrhals ist, denn sie versteht, wie wichtig es doch ist, dass immer alles korrekt und ohne große Überraschungen abläuft. Spontane Aktionen, die aus dem Ruder laufen könnten, sind in ihren Augen etwas für Leute, die nicht richtig erwachsen sind.

Menschen in dieser Rolle hatten in ihrer Kindheit Erlebnisse, in denen sie sich ungerecht behandelt fühlten. Lass uns einmal die Situation durchspielen, dass du als Nachzüglerkind in eine vierköpfige Familie geboren wirst. Die ersten Jahre laufen wunderbar, bis man deinem Vater den Job kündigt und das Geld immer knapper wird. Die einzige Lösung, die deine Eltern sehen, ist, dich in ein Heim stecken, um wenigstens für den Rest der Familie sorgen zu können. Als Kind kannst du natürlich überhaupt nicht nachvollziehen, warum das alles so ist. Du denkst dir: Wieso ich, was habe ich getan? Ein kaum auszuhaltendes Gefühl der Ungerechtigkeit macht sich in dir breit, es droht dich aufzufressen. Du weißt nicht, wohin mit dir. Was könnte dir also dein Ego vorschlagen, damit dir so etwas nie wieder passiert? Es schlägt dir die Rolle des Starrhalses vor, ausgestattet mit der Lupe eines Detektivs der Gerechtigkeit, gehst du in die Welt, um dafür zu sorgen, dass du nie wieder so fühlen musst. Das Gefühl, recht zu haben, gibt dem Ego die nötige Nahrung im Außen.

Für Menschen mit dieser Rolle ist es nicht sonderlich leicht, sich von ihr zu befreien. Sie sind durch ihr Muster so im Verstand verhaftet, dass die Seele es oft schwer hat durchzudringen. Häufig kann sie nur durch Krankheiten oder Schicksalsschläge ein erstes Erwachen verursachen.

Positiver Endzustand: Hat der Starrhals es geschafft, sich von seiner Rolle zu lösen, kann er endlich aufatmen. Ihm wird bewusst, wie verbissen er sein Leben lang war, und ist ganz versessen darauf, sich neu zu erfinden. Häufig folgt ein spontaner Urlaub, in dem er sich endlich mal erlaubt, das Leben zu genießen. Vielleicht trinkt er dort auch ein Gläschen mehr als sonst und schläft ausnahmsweise mal länger. Auch seine Freunde freuen sich über seine neugewonnene Lockerheit.

Mögliche Entstehung der Wunde:
- Empfundene Ungerechtigkeitsgefühle durch Bevorzugung anderer.
- Empfundene Ungerechtigkeitsgefühle infolge von Gewalterlebnissen.

Fragen, die du dir stellen solltest - Weitere Goldschätze zum Thema »Eltern«

Neben der Entdeckung der Wunden deiner Kindheit gibt es noch eine weitere Herangehensweise, wie du verdrängte Muster bezüglich deiner Eltern in Gold verwandeln kannst. Das Tolle dabei ist: Du musst nicht mehr mühsam monatelang Kindheitsjahr für Kindheitsjahr analysieren, um in Frieden damit zu kommen. Du wirst die Gelegenheit haben, deine Schattenseiten zu integrieren, indem du einfach in der Gegenwart bleibst. Egal, wann eine Verletzung entstanden ist, sie zeigt sich immer nur im Hier und Jetzt. Denn das Hier und Jetzt ist ja alles, was wirklich existiert. Im Folgenden wirst du mit einigen Fragen konfrontiert, die ich Schritt für Schritt auch meinen Klient*innen in genau dieser Reihenfolge stelle.

Denn Fragen zu stellen hilft, verdrängte Themen ans Licht zu bringen.

Traditionell lasse ich sie in Sitzungen, bei denen es um Eltern geht, sich vorstellen, dass ihre Eltern sinnbildlich auf einem leeren Stuhl vor ihnen sitzen. Diese auf den ersten Blick vermeintlich banale Sache hat eine große Wirkung, da die Klient*innen von einem auf den anderen Moment tatsächlich irgendwie das Gefühl haben, die Eltern wären im Raum, und die Verletzungen sich sehr schnell zeigen. Deswegen empfehle ich dir, es in einem ruhigen Moment selbst einmal auszuprobieren. Merk dir jeweils, was in dir hochkommt, oder schreib es dir auf, um die einzelnen Punkte dann mit den Werkzeugen aus dem letzten Kapitel lösen zu können.

Was macht es mit dir, wenn du an deine Eltern denkst?

Die Verletzungen, die viele von uns seitens unserer Eltern erfahren haben, wiegen schwer. Mit einem komplexen Gerüst aus Vermeidungsstrategien versuchen wir, uns vor dem Kern des Schmerzes zu bewahren. Was wir mit unseren Eltern erlebten, war, vereinfacht ausgedrückt, eine große enttäuschte Liebe. Diese Tatsache ist uns aufgrund der ganzen Muster oft gar nicht mehr bewusst. Wir sind ja ach so erwachsen geworden und haben das alles gar nicht mehr nötig. Dass da jedoch ein kleines Kind in uns sitzt, das immer noch nach der Liebe der Eltern schreit und sich nicht gesehen fühlt, ist nicht so leicht, sich einzugestehen. Zu viele Schichten liegen oft darüber.

Wie eine Zwiebel, die man Schicht für Schicht bis zum Kern schält, überprüft man zuerst, was an der Oberfläche lauert, und löst es, bevor man tiefer geht. Wenn ich mit jemandem beginne, das Thema »Eltern« anzusehen, frage ich, welche Gefühle es auslöst, wenn er oder sie die Eltern auf dem Stuhl gegenüber sehen. Selten dauert es länger als fünf Sekunden, bis sich die erste Emotion zeigt. Trauer, Wut und Enttäuschung sind dabei häufig die vordergründigen Gefühle. Ich helfe den Betreffenden dann, diese Gefühle zu transformieren, indem sie sich ihrer erst einmal gewahr werden können: »Ich bin traurig, dass ihr mich nie gesehen habt. Ich bin wütend, dass ihr nie an mich geglaubt habt. Enttäuschung, dass ihr nie für mich da wart, als ich euch gebraucht habe«. Diese und ähnliche Sätze kennzeichnen einen guten Beginn. Manchmal sprudelt nun für gute 15 Minuten ein Mix aus verschiedensten Emotionen hoch, bis der/die Klient*in schlussendlich aufatmet und schon sichtlich erleichtert wirkt. Er/sie bestätigt es zusätzlich durch die Feststellung, dass sich nun bei der Betrachtung der imaginären Eltern auf dem Stuhl ein eher neutrales und friedliches Gefühl eingestellt hat.

Des Öfteren denken die Betreffenden dann, die Arbeit wäre schon getan. Doch aus Erfahrung weiß ich, dass noch einige Schichten darunterliegen. Denn nicht immer offenbart sich freiwillig das, was im Unterbewusstsein schlummert. Manchmal braucht es die Konfrontation mit einer Frage, um die Themen hochzubringen. Und so überprüfe ich mit der nächsten Frage, was eventuell noch im Inneren begraben sein könnte.

Kannst du die Verantwortung abgeben?

Zu den gängigen Rollen, die wir in unserer Kindheit übernahmen, gehört auch die des Retters der Familie. Gerade starke und reife Seelen, wie du eine bist, kommen sehr schnell an den Punkt, Verantwortung für die eigenen Eltern übernehmen zu wollen. Als Kind können wir gar nicht anders, als sie abgöttisch zu lieben, und wir würden alles tun, damit sie glücklich sind und das Familiensystem funktioniert.

Wenn wir zum Beispiel unsere Mutter als emotional schwache Person wahrnahmen, bürdeten wir uns nur allzu bereitwillig die Verantwortung für ihr Glück auf. Auf energetischer Ebene begannen wir, ihr Leid zu tragen, und anstatt als Kind die Welt für sich zu entdecken, sozialisierten wir uns nicht auf uns zuträgliche Weise, um stattdessen stets im engen Kreis der Mutter zu bleiben und für ihr Glück zu sorgen. Obwohl wir uns noch so viel Mühe gaben, lief unsere Rettermission natürlich so gut wie nie in der Weise ab, wie wir uns das vorstellten. Wir glaubten dann, versagt zu haben, und gaben uns die Schuld dafür. Sie wog so schwer, dass unser Ego uns einredete, diese Schuld in unserem weiteren Leben wieder ausgleichen zu müssen. Wir übernahmen dann später die Verantwortung für unsere Partner oder Freunde in der Hoffnung, uns vom schlechten Gewissen reinwaschen zu können. Ein wahrhaft toxisches Muster, das uns sehr davon abhielt, unser wahres Ich zu leben und uns Glück und Erfüllung in unserem Leben zu erlauben.

Wenn ich in einer Sitzung mit einem Klienten oder einer Klientin an diesem Punkt angelangt bin, frage ich sie: »Hast du das Gefühl, noch die Verantwortung für deine Mutter übernommen zu haben, und wenn ja, bist du bereit, sie jetzt abzugeben?« In vielen Fällen kommt auch hier die Antwort wie aus der Pistole geschossen: »Ja, ich habe das Gefühl, noch Verantwortung zu haben, und ich habe nicht das Gefühl, dass ich sie abgeben kann.«

Mit großer Gewissheit, dass gleich die nächste emotional geladene Schicht hochkommt, stelle ich die weiterführende Frage: »Okay, und was verhindert noch, dass du sie abgeben kannst?« Volltreffer. Es fließen erneut Tränen, und tiefe Schuldgefühle steigen hoch: »Ich fühle mich schuldig, dass ich dich nicht retten konnte«, bekommt die vorgestellte Mutter nun zu hören. »Ich hätte ein schlechtes Gewissen, wenn ich dich losließe.«

Überdurchschnittlich lang verharrt man in diesem Gefühl, was ein Zeichen dafür ist, wie tief es sitzt. Eine große Hürde wird überwunden, wenn man es nach einigen Minuten transformieren kann. Meistens kommen dann noch einige Glaubenssätze hoch wie »Ich glaube nicht, dass ich die Verantwortung abgeben darf« oder »Ich glaube nicht, dass ich ohne euch glücklich sein darf«. Mutig löst der Klient auch das gemeinsam mit mir im Gespräch auf, bis er ein weiteres Mal tief durchatmet und auf meine Nachfrage hin bestätigt, dass er jetzt die Verantwortung abgeben und sich von nun an erlauben kann, glücklich zu sein. Ein weiterer Meilenstein ist geschafft.

Obwohl bis hierhin schon energetische Höchstleistungen vollbracht wurden, ist zu diesem Zeitpunkt in der Regel erst die Hälfte der Sitzungszeit vorüber. Da ich ahne, dass unter dieser Schicht noch weitere Themen lauern könnten, frage ich also: »Kannst du noch? Ich würde da gerne noch ein, zwei Sachen mit dir überprüfen.« Da der Klient oder die Klientin schon jetzt merkt, wie befreit er/sie sich fühlt, sind sie meist motiviert und geben ihr Okay, noch tiefer zu gehen.

Was hättest du insgeheim noch gern von deinen Eltern, was du nie bekommen hast?

Bis hierhin wurden schon einige Zwiebelschichten geschält, sodass wir nun zum Kern vordringen. Der Urschmerz in uns, den wir über unsere Eltern erfahren haben, war der Mangel an Liebe und Aufmerksamkeit. Dieses tiefe innere Loch, das dadurch entstanden ist, sorgt dafür, dass unser Ego bis zuletzt im Außen das sucht, was wir von den Eltern nie bekommen haben. Es ist so, als würde da immer noch ein kleines Kind in uns sitzen, welches nach der Liebe der Eltern schreit, und wir versuchen, es mit Dingen von außen zu füttern, um es ruhigzustellen. Viel sinnvoller wäre es jedoch, diesem inneren Kind jetzt, da wir erwachsen sind, selbst Liebe und Aufmerksamkeit zu schenken und eins mit ihm zu werden. Und genau das erreichen wir, wenn wir diese Schicht beleuchten und integrieren.

In der Sitzung lasse ich erneut die Eltern auf dem leeren Stuhl ansehen und frage: »Gibt es außer alldem noch irgendetwas, was du insgeheim gern von deinen Eltern hättest, was du nie bekommen hast und wahrscheinlich nie bekommen wirst?«

An diesem Punkt dauert es im Gegensatz zum Beginn der Sitzung etwas länger, bis die Frage bei dem Klienten oder der Klientin einsickert, was dafür spricht, dass es sehr tief sitzt. Doch nach einem Moment kneifen sie ein weiteres Mal die Augen zu und sagen: »Ich brauche eure Liebe. Ich brauche, dass ihr mich endlich seht und liebt, wie ich bin.«

An dieser Stelle bricht fast immer ein echter Schwall aus Tränen heraus. Wieder helfe ich das, was da aus dem Inneren hochkommt, zu transformieren, und nach wenigen Minuten versiegen die Tränen. Der beziehungsweise die Betroffene öffnet leicht orientierungslos die Augen, und mit einem Lächeln im Gesicht teilt er/sie mir mit: »Ich glaube, jetzt gibt es nichts mehr, was ich von meinen Eltern brauche. Ich denke, ich kann mir all das nun selbst geben.«

Auch ich kann mir ein Lächeln nicht verkneifen, denn was dem/der Klient*in zu diesem Zeitpunkt vielleicht noch gar nicht bewusst ist: Er/sie hat gerade einen Wahnsinnsdurchbruch erlebt und innerhalb kürzester Zeit große Schritte in Richtung der Verbindung mit seinem/ihrem wahren Ich unternommen.

Ich lehne mich entspannt in meinem Stuhl zurück in dem Wissen, dass jetzt nur noch ein entscheidender Schritt fehlt.

Kannst du ihnen vergeben?

Vergebung ist eine wahre Königsdisziplin. Sie ist das letzte Quäntchen, um endgültig seinen Frieden mit sich und anderen Menschen zu finden. Wenn wir in der Tiefe vergeben, verschmelzen wir mit der Vergangenheit, lösen alle Bewertung auf, übernehmen die Verantwortung und erkennen an, dass alles im Leben einen Sinn hat und unserem Wachstum dient. Auch unsere Eltern konnten immer nur ihrem aktuellen Bewusstseinsstand entsprechend handeln und wurden selbst sehr tief verletzt. Wahre Vergebung kann nur stattfinden, wenn wir zuerst alle Themen transformieren, die der Vergebung entgegenstehen.

Da ich mit meinem Klient*innen in den ersten Schritten der Sitzung gut die »Vergebungsverhinderer« lösen konnte, ist die letzte Frage, die ich ihnen stelle, selten noch eine große

Hürde. Um die Vergebungssequenz einzuleiten, habe ich an dieser Stelle immer noch ein Ass im Ärmel.

»Stell dir doch bitte vor, dass hinter deinen Eltern auf dem Stuhl nun deine Großeltern erscheinen. Lass es auf dich wirken, und überprüfe, ob du ihnen in dem Wissen, dass auch deine Eltern keine leichte Kindheit hatten, jetzt vergeben kannst?«

Das, was nun folgt, ist auch für mich jedes Mal aufs Neue ein bewegender Moment. An dieser Stelle kommt, hinter all den Verletzungen und Ego-Mustern, die zu Beginn der Sitzung noch da waren, endlich die Wahrheit durch. Vergebung und Liebe. Ab und zu spüre ich bei diesem Part der Sitzung förmlich eine Druckwelle zu mir herüberschwappen. Es ist die Energie, die frei wird, wenn das Herz freigesprengt wird. Einige Minuten lasse ich dann zu, dass weitere Tränen fließen. Ich interveniere nicht. Denn es sind keine Tränen des Schmerzes mehr, sondern die der Liebe.

Hast du dich in den einen oder anderen Schattenseiten dieses Themas wiedergefunden? Wenn ja, dann ist hier besonders lohnenswert, wenn du es dir direkt notierst, da so viel Freiheit darin steckt, wenn du es löst.

Partnerschaft

Eines der größten Wachstumsfelder auf dem Weg zu unserem wahren Ich ist das Thema »Partnerschaft«. Hier wartet ein wahres »Spiegelkabinett« auf uns, wenn wir bereit sind, uns darauf einzulassen. Vielleicht kennst du die These »Wir erkennen uns in den Augen eines anderen Menschen«. Genau so ist es, denn unsere Seele braucht die Reibungs- und Erkenntnisfläche, die wir im Umgang mit anderen Menschen bekommen.

In Partnerschaften haben wir in unserem Erwachsenenleben die wohl beste Reibungsfläche der Selbsterkenntnis. Zum einen weil je enger die Verbindung zwischen zwei Menschen ist, desto deutlicher sie sich spiegeln. Zum anderen greift in Partnerschaften auch das Gesetz, dass je tiefer eine Liebe ist, desto größer auch die Verletzungsgefahr wird. Sprich, da uns unsere Lebenspartner naturgemäß viel wichtiger sind als andere Menschen, wächst auch die Chance, dass sie uns an unsere tiefsten Wunden erinnern. Und egal, ob du gerade in deiner Partnerschaft eine stürmische Zeit hast, es gut läuft oder ob du im Moment solo bist und dich an deine(n) Verflossene(n) erinnerst: Du kannst immer wertvolle Erkenntnisse erhalten und Schattenthemen finden. Lass uns also darüber sprechen, wie du deine Partnerschaft nutzen kannst, um dich mit deinem wahren Ich zu verbinden.

Der Wunsch nach einer Partnerschaft ist etwas, was unsere Seele tief in uns verankert hat. Auf höherer Ebene spiegelt es unser großes Bedürfnis wider, uns wieder eins zu fühlen, also in die Einheit zurückzukehren, aus der wir kommen. Wir sehnen uns nach Verschmelzung. Viele Menschen erleben immer wieder Momente, in denen sie diese Einheit mit ihrem Partner spüren. Und obwohl das selbstverständlich wunderschön ist, so ist es eigentlich nur eine Kostprobe davon, wie es ist, die Erfüllung und Einheit in sich selbst zu spüren. Denn nach wie vor sind für die meisten Menschen ihre Partner im Außen, die sie nutzen, um Erfüllung zu bekommen.

Doch Partnerschaft kann so viel mehr sein. Für diejenigen, die bereit sind, kann sie einen Weg darstellen, um zu lernen, nicht den Partner zu brauchen, um sich erfüllt zu fühlen, sondern die Spiegel zu erkennen und nach und nach alle Anteile einzusammeln, um in sich selbst vollständig zu sein.

Die Stufen einer Beziehung

Zum besseren Verständnis der Dynamik in Partnerschaften wollen wir nun zuerst einmal die Phasen beleuchten, die wir in einer Beziehung durchlaufen.

Anziehung

Unsere Seele ist schon ein gerissenes Kerlchen. Schlau, wie sie ist, hat sie uns die Anlage mitgegeben, uns verlieben zu können. Und wenn der richtige Zeitpunkt gekommen ist, schlägt sie zu. Wir begegnen einem Menschen, der ein derart gutes Gefühl in uns auslöst, dass wir uns magisch zu ihm hingezogen fühlen. Und wenn es das Schicksal so will, entsteht eine Beziehung daraus. Obwohl sich zu verlieben richtig schön ist, auf höherer Ebene ist es eine Projektion der eigenen Trennung in uns, die vom Gegenüber vervollständigt werden soll. Wir fühlen uns zu jemand anderem hingezogen, weil diese Verbindung uns Erfüllung verspricht.

Was die beiden Verliebten zu dem Zeitpunkt vielleicht noch nicht wissen, ist, dass Sie sich auf höherer Ebene eigentlich zum Lernen und Wachsen verabredet haben. Und so lernen sie sich näher kennen und genießen die Zweisamkeit in vollen Zügen. Diskussionen oder Streitgespräche sind hier noch selten der Fall, denn man hat nur Augen füreinander und sieht oft nur die Sahneseite des Partners.

Reibung

Die Verliebtheitsphase kann Jahre anhalten, bis die nächste Phase eingeleitet wird. Es gibt jedoch immer mehr Paare, die sich auf Seelenebene für starkes Wachstum miteinander angemeldet haben. Sie teilen eine sehr tiefe Verbindung, sodass bei ihnen die erste Phase manchmal nur wenige Wochen andauert, bevor sie in die Phase der Reibung eintreten. Von Wolke sieben sind sie dann herabgefallen.

Gerade als das Ego sich an die wundervolle Nahrung gewöhnt hatte, die sie von ihrem Partner in Liebe und Aufmerksamkeit erhalten hatte, beginnen sie sich zu spiegeln. Denn das Leben strebt nach Ganzheit, und so beginnen sich die Partner unbewusst gegenseitig an die Anteile zu erinnern, die bei ihnen jeweils noch fehlen, um ganz zu sein. Ist man zum Beispiel innerlich noch nicht mit seinem Selbstwert verbunden, so kann es sehr gut sein, dass der Partner einen in dieser Phase nicht mehr so wertschätzend behandelt wie zu Beginn der Beziehung. Diese Tatsache schmeckt den beiden natürlich überhaupt nicht, da wir Menschen gern am liebsten hätten, dass immer alles fluffig ist. Doch plötzlich werden die Spiegel ausgepackt.

All das passiert, damit Bewusstsein entstehen kann, sodass beide lernen, in sich selbst das zu finden, was sie bisher beim anderen gesucht hatten. Es fühlt sich für die Beteiligten wie eine Art schleichender Drogenentzug an. Erwachte Menschen beginnen an dieser Stelle bereits zu reflektieren und widmen sich ihrer Persönlichkeitsentwicklung. Die meisten jedoch verstehen nicht, was wirklich abläuft, und suchen die Schuld beim Gegenüber. Sie beginnen an diesem Punkt häufig auch, ihre »Nahrung« bei anderen zu suchen, etwa bei Freunden oder sogar in Affären.

Jedes Paar erlebt dieses Modell anders. Unsere Seele gibt uns immer nur die Erfahrungen, mit denen wir ansatzweise umgehen können. Es gibt zum Beispiel auch Paare, die ihr Leben lang in dieser Reibungsphase bleiben und sich dennoch irgendwie mit den Themen des anderen arrangieren.

Kritischer Punkt

Kommen wir nun zu der Phase, die eine echte Zerreißprobe selbst für bewusste Menschen sein kann, die schon längst erkannt haben, dass Partner sich spiegeln, und sich fleißig der Aufarbeitung persönlicher Themen widmen. Die Partnerschaft gipfelt am kritischen Punkt, an dem die Spiegel so intensiv werden, dass es kaum noch zu ertragen ist. In dieser Phase kreisen die Gedanken häufig weit öfter in Richtung »Beziehung beenden« als in Richtung »Beziehung aufrechterhalten«. Die Schutzmechanismen des Egos fahren dermaßen hoch, dass Flucht und Ausstieg aus der Zweisamkeit sehr oft das Mittel der Wahl scheinen. Denn wahre Liebe und Nähe im Hier und Jetzt zu leben, würde gleichzeitig den Tod des Egos bedeuten. Und davor hat es Angst und rebelliert, was das Zeug hält.

Es ist der Punkt, an dem tatsächlich die meisten Beziehungen in die Brüche gehen und man mit einem anderen Partner wieder in der Anziehungsphase startet oder starten möchte. Leider haben immer noch die wenigsten das Bewusstsein und die innere Stärke, durch den kritischen Punkt durchzugehen.

Meisterschaft

Hat man es jedoch wundersamerweise über den kritischen Punkt hinaus geschafft, so fühlt es sich erst einmal an, als hätte man einen Marathon beendet. Man ist glücklich und erleichtert, aber auch noch sehr »geschlaucht«. Reife Seelen, die den Erwachensweg gewählt haben, kreieren nämlich gern Beziehungen, bei denen die Dynamik äußerst intensiv ist. Nach dem Motto: »Lass uns nicht so viel Zeit mit dem Verliebtsein vergeuden. Wir wollen ans Eingemachte. Lass uns uns gegenseitig daran erinnern, wer wir wirklich sind.«

Eine große Leistung ist vollbracht, wenn man den kritischen Punkt überwunden hat. Man hat es geschafft, die Spiegel zu nutzen, um sich selbst zu finden. Die Beziehung hat nun ein komplett anderes Niveau erreicht. Aus Bedürftigkeit ist frei fließende Liebe geworden. Beide Partner sind nun in sich vollständig und können im Hier und JETZT die Liebe im Fluss des Lebens genießen. Dabei kann es auch nicht mehr langweilig werden, denn frei vom Ego, das ja in Zukunft und

Vergangenheit denkt, können sich beide Partner jeden Tag aufs Neue begegnen.

Yin und Yang - Eine Frage der Balance

Kommen wir nun zu einem weiteren Punkt, der gerade in Beziehungen eine wichtige Rolle spielt. Die Dualität, die wir hier auf Erden erleben, spiegelt sich auch in uns selbst wider. Wir haben völlig gegensätzliche Kräfte in uns: die weibliche und die männliche Kraft. In der chinesischen Philosophie als »Yin und Yang« bezeichnet, ein kosmisches Prinzip, dargestellt in dem Symbol .

Während die weibliche Kraft (Yin, schwarz) eher für Passivität und Gefühle steht, definiert sich die männliche Kraft (Yang, weiß) durch Aktivität und den Verstand. Damit sind keinerlei moralische oder sonstige Wertungen verbunden. Es handelt sich um absolut gleichwürdige Polaritäten, die ohne einander nicht sein könnten. Außerdem ist das eine im jeweils anderen enthalten (symbolisiert durch den weißen Punkt im schwarzen Bereich und den schwarzen Punkt im weißen Bereich). Beide Kräfte sind Anteile in uns, die zu unserem wahren Ich gehören. Mal haben wir zum Beispiel das Bedürfnis, uns um unsere Arbeit zu kümmern oder Sport zu treiben und sind in der männlichen Energie unterwegs. Mal kommen wir zur Ruhe, genießen zum Beispiel Zweisamkeit und bewegen uns in der weiblichen Energie. Dieses permanente Wechselspiel zeigt, dass nichts im Leben stillsteht. Alles ist in Bewegung. Ziel ist es, beide Kräfte in uns gleichermaßen zu leben und somit in Balance zu bringen. Die Gegensätze heben sich auf, wir sind in der Einheit und können die Erfüllung in uns spüren.

Wenn es nun um das Thema »Beziehung« geht, können sie uns wunderbar dabei helfen herauszufinden, wo wir unseren persönlichen Rhythmus noch verbessern sollten, um schlussendlich die Balance zu finden.

In Beziehungen treffen sich zwei Individuen, von denen jedes seinen eigenen Charakter und eigene Interessen besitzt. Durch die Liebe zueinander verschmelzen sie miteinander und genießen ihre Zweisamkeit. Hier hat das Ich-Gefühl Pause, und die beiden erfreuen sich an ihrem Wir-Gefühl. Wenn es ausgekostet wurde, kehren beide wieder in ihre Individualität zurück und gehen ihren Interessen nach. Und das Ganze immer und immer wieder.

Idealerweise ist dieses permanente Wechselspiel wie eine gesunde Aufwärtsspirale aus Anziehung und Abstoßung, die sich stets selbst erneuert und beide Parteien wachsen lässt. In den meisten Beziehungen ist diese Aufwärtsspirale jedoch entweder sehr niedrig oder gar nicht erst vorhanden. Viele Paare leben dieses Wechselspiel nicht richtig. Permanente Verschmelzung zwischen den Partnern zum Beispiel, die so häufig stattfindet, ist der Tod jeder Beziehung respektive Entwicklung. Hier können wir auch gut den Vergleich zur Natur ziehen, denn auch dort ist ständig alles in Bewegung. Bei ihr gibt es keinen Stillstand, alles ist im Fluss.

Durch die Ego-Themen, in denen wir bis zuletzt noch gefangen sind, ist meistens eine der beiden Kräfte stark und die andere häufig leicht blockiert. Überprüfe, wie deine Balance aussieht. Zum Beispiel die männliche Kraft: Nimmst du dir wirklich die Zeit für dich, die du insgeheim brauchst? Oft schleicht sich in Beziehungen die Routine ein, dass man Tag und Nacht zusammen verbringt. Und klar, da es ja so gut wie jeder so macht, hinterfragen es viele nicht. Es gibt jedoch zum Beispiel Naturvölker, in denen Männer und Frauen getrennt wohnen, und immer, wenn sie wirklich das Bedürfnis haben, sich zu sehen, treffen sie sich. Bei vielen Menschen würde allein diese Vorstellung gewisse Themen und Ängste hervorrufen. Wie ist es mit dir? Was macht die Vorstellung mit dir, mehr Zeit mit dir allein zu verbringen? Kommt da Angst in dir hoch, dass dein Partner sich anderweitig umsehen könnte? Oder offenbart sich bei dem Gedanken, nur mit dir zu sein, vielleicht eine innere Leere in dir?

Die Erfahrung zeigt, dass Menschen, sowie sie ihrem wahren Ich näherkommen, ein stärkeres Bedürfnis verspüren, Zeit für sich zu haben. Und wenn sie dieses Bedürfnis in die Tat umsetzen, sind sie oft überrascht, wie gut es auch der Beziehung tut. Sobald wir uns die Zeit für uns nehmen, die wir als natürliches Bedürfnis spüren, selbst wenn es nur ein halber Tag ist, wird die Beziehung automatisch mit Frischwasser durchflutet.

Andererseits lohnt es sich, die inneren Anteile zu betrachten, die eher als »weibliche Eigenschaften« bezeichnet werden: Auch wenn du ein herzlicher Mensch bist, der gut Gefühle zulassen kann und Zweisamkeit genießt, lauern hier oft noch Themen, die verhindern, dass du dich voll einbringst. Als ich damals meine jetzige Partnerin Anna kennenlernte, war ich guter Dinge. Ich glaubte, alle alten Verletzungen aus meinen früheren Beziehungen gelöst zu haben, und fühlte mich bestens vorbereitet, in die neue Partnerschaft einzutauchen. Als wir ein halbes Jahr zusammen waren und es immer tiefer wurde, spürte ich dennoch plötzlich, wie ich insgeheim mir immer wieder kleine Schlupflöcher suchte, sodass sie mir doch nicht zu nahe kam. Zum Glück fiel es mir recht schnell auf, und ich ging in mich. Und siehe da, im letzten Winkel waren doch noch versteckte Elternthemen vorhanden, die dafür sorgten, dass ich immer noch eine kleine Schutzmauer um mein Herz hatte.

Tiefe Liebe komplett zuzulassen und sein Herz weit zu öffnen, ist nicht immer leicht. Deswegen überprüfe auch hier, was noch verhindert, dass du dich voll und ganz einlassen kannst – ohne auf natürliche Freiräume zu verzichten, die zum gesunden Wachstum der Beziehung beitragen.

Mögliche Blockaden, nicht in die männliche Kraft zu kommen:

- Angst, verlassen zu werden, wenn man sich um die eigene Person kümmert.
- Angst, mit sich selbst konfrontiert zu werden.
- Das Gefühl, nicht zu wissen, wer man ist.
- Sich nicht die Erlaubnis geben, sich um die eigene Person zu kümmern (zum Beispiel aus Schuldgefühlen).

Mögliche Blockaden, nicht in die weibliche Kraft zu kommen:

- Angst, verletzt zu werden, wenn man sich auf Gefühle einlässt.
- Angst, die Kontrolle im Leben zu verlieren.
- Angst, seine Identität im Leben zu verlieren.
- Angst, sein Leben und seine Pflichten zu vernachlässigen.

Das Wechselspiel möglich machen: Grenzen setzen

Manche stellen es sich so vor, dass man völlig wunschlos den ganzen Tag in trauter Zweisamkeit zubringt, wenn man gemeinsam die Erfüllung in sich gefunden hat. Aber so ist es natürlich keineswegs. Wir behalten immer noch unsere Identität und unterscheiden uns voneinander. Auch in guten Partnerschaften: Wenn du deine Themen soweit transformiert hast und deinen Partner bedingungslos lieben kannst, heißt es dennoch nicht, dass du alles über dich ergehen lassen wirst. Es kann immer wieder vorkommen, dass auch jetzt die Toleranzschwelle überschritten wird oder dass unterschiedliche Interessen kollidieren. Es gilt dann, beim permanenten Wechselspiel zwischen männlicher und weiblicher Kraft die Übergänge zu schaffen und die Grenzen, die dem wahren Ich entspringen, zu fühlen.

Werde dir dazu deiner gesunden Werte bewusst. Jeder Mensch hat Werte, die bedeutsam für ihn sind, wie zum Beispiel Pünktlichkeit. Es ist sehr wichtig, dass wir diesen Werten treu bleiben, denn anderenfalls entfernen wir uns von uns selbst und verlieren Lebensenergie. Außerdem gilt es zu unterscheiden, welcher Wert aus dem wahren Ich entspringt und welcher aus dem Ego. Es wäre natürlich zum Beispiel kein gesunder »Wert«, sich von der Außenwelt abzuschotten und zu sagen: »Ich lege Wert darauf, dass mein Partner nur für mich da ist.« Hier steckt wohl eher ein Ego-Thema dahinter wie mangelnder Selbstwert oder Eifersucht. Gesunde Werte, die dem wahren Ich entspringen, sind zum Beispiel Ehrlichkeit, Treue, wie gesagt Pünktlichkeit und das Bedürfnis, mit dem Partner in die Tiefe gehen zu wollen.

Überprüfe, welche Themen, Blockaden und Ängste noch in dir stecken, die dich eventuell davon abhalten, dass du deine eigenen Grenzen noch nicht so setzen kannst, wie du gern würdest.

Vergangene Beziehungen

Die meisten von uns haben nicht nur eine Beziehung in ihrem Leben. Es ist normal, dass wir uns im Laufe unseres Daseins entwickeln und verändern und wir mit unserem Partner manchmal nicht mehr dieselbe Wellenlänge teilen. Doch egal, wie viele Beziehungen wir hatten und wie lange sie andauerten, in den seltensten Fällen lief immer alles glatt. Wir wurden möglicherweise verletzt, belogen und betrogen. Und wenn wir nicht aufpassen, so geht in jeder neuen Beziehung ein Quäntchen Magie verloren, weil wir uns gar nicht mehr richtig öffnen und fallenlassen. Deswegen wäre es auch für dich Gold wert, wenn du in einem ruhigen Moment mal über deine vergangenen Beziehungen reflektiertest und überprüftest, welche Verletzungen immer noch in dir sitzen. Hast du in der Vergangenheit vielleicht immer denselben Typ Menschen als Partner in dein Leben gezogen?

Ich hatte zum Beispiel mal eine Klientin, die immer Männer in ihr Leben einlud, die Alkoholiker waren. Egal, wie sehr sie sich bemühte, es war wie verhext. Als ich mit ihr an ihren Themen arbeitete, kam heraus, dass ihr Vater ebenso Alkoholiker war und sie schon in der Kindheit Verantwortung für ihn übernahm. Da sie ihn nicht retten konnte, versuchte sie unterbewusst, ihre Schuldgefühle in ihren Beziehungen reinzuwaschen. Erst als sie sich vergeben konnte, hörte der Teufelskreis auf, und sie fand ihr Glück mit einem neuen Mann, der kein Alkoholiker war.

Gefühle im Alltag identifizieren

Gerade weil deine Partnerschaft so ein wertvoller Spiegel für dich ist, lohnt es sich besonders, wenn du dich im Alltag mit deinem Schatz immer wieder selbst beobachtest und hinterfragst, was sein Verhalten in dir auslöst. Erkenne *alle* Gefühle an, die sich in dir zeigen, denn es geht ja nicht darum, dass du sie am Partner auslassen wirst, sondern ganz für dich alleine transformieren wirst. Und in Beziehungen kann sich so einiges anstauen. Gerade wenn dich dein Partner manchmal unbewusst an deine Eltern erinnert, kann es schon sein, dass du ihm vor lauter aufgestauter Wut gerne manchmal an den Kragen gehen würdest.

Beispiele für Emotionen, die sich zeigen könnten, sind Trauer, dass dein Partner so wenig Zeit hat, Wut, weil er immer nur über sich redet, oder Eifersucht, wenn er mal etwas ohne dich unternimmt. Hinter deinen Emotionen können sich dann im nächsten Schritt Anteile deiner selbst entlarven, die du dir nicht zu leben erlaubst. Und hier kommen oft Glaubenssätze ins Spiel, die wir bereits in der Kindheit entwickelt haben und die uns innerlich verbieten, so zu sein, wie wir sind, mit allen Facetten unseres wahren Ichs. Wenn du zum Beispiel als Kind nie deinen Platz einnehmen durftest, könnte es dich in deiner jetzigen Beziehung aufregen, dass sich vermeintlich alles immer nur um deinen Partner dreht. In Wahrheit ist es immer noch dein Glaubenssatz aus der Kindheit – »Ich darf mir keinen Raum nehmen« –, der verhindert, dass du für dich und deine Bedürfnisse einstehst. Überprüfe auch hier, welche Anteile dir dein Partner spiegeln könnte. Glaubenssätze, die sich hier enthüllen könnten, sind zum Beispiel »Ich glaube wertlos zu sein«, »Ich muss immer lieb und brav sein, um geliebt zu werden«, »Ich habe es nicht verdient, geliebt zu werden« oder »Ich muss immer funktionieren, um geliebt zu werden«. Wenn du sie identifiziert hast, bist du schon auf dem besten Weg, sie zu transformieren.

Beende deine Beziehung jeden Tag

Mit dieser möglicherweise etwas provokant klingenden These meine ich Folgendes: Wenn wir länger in einer Beziehung sind, können wir oft gar nicht anders, als uns durch all die Erfahrungen, die wir mit unserem Partner sammeln, ein gewisses Bild über ihn zu machen, das aber gar nicht der Wahrheit entsprechen muss beziehungsweise auf das wir ihn dann reduzieren. Dinge, die wir mit ihm erlebten, die nicht unseren Erwartungen entsprachen oder uns verletzten, werden von unserem Ego abgespeichert, mit vergangenen Erfahrungen mit den Eltern oder früheren Partnern abgeglichen und in eine Schublade gepackt. Dieser Vorgang erzeugt nicht nur mehr innerliche Trennung, sondern sorgt ebenfalls dafür, dass wir unbewusst dasselbe Verhalten in der Zukunft erwarten.

Ein Beispiel: Angenommen, dein Partner ist gerade im beruflichen Stress und bekocht dich plötzlich nicht mehr so oft wie sonst. Auf einmal springt dein Ego an, und die Gedanken beginnen zu kreisen. »Er hat mich bestimmt nicht mehr so lieb. Mein Ex hat damals auch nichts mehr für mich getan, bevor er mich verließ. Und sowieso, meine Eltern waren ja auch nie für mich da. Ich sollte aufpassen und mich auch einen Schritt zurücknehmen, bevor ich wieder verletzt werde.«

So schnell kann es gehen, dass wir unseren Partner durch die Brille des Egos betrachten. Wenn wir nicht aufpassen, so kommen über die Zeit immer mehr falsche Bilder hinzu, sodass wir unseren Partner in unserer Konstruktion völlig verzerrt sehen.

Was ich also mit »Beende deine Beziehung jeden Tag« meine, ist, sich täglich bewusst zu entscheiden, die Vergangenheit und die Bilder, die man aufgebaut hat, loszulassen. Entdecke deinen Partner möglichst vorbehaltlos immer wieder neu. Probier's aus, es wird dir gefallen.

Selbstliebe

Ich hoffe sehr, dass du bisher schon einige Erkenntnisse gewinnen konntest. Wenn du gerade selbst stürmische Zeiten in deiner Beziehung erlebst, dich mitten in der kritischen Phase befindest oder wenn du kürzlich eine Trennung erfahren hast und tiefe Schmerzen spürst: Bitte erinnere dich erneut daran, dass du genau dort richtig bist, wo du gerade stehst, und es die perfekten Umstände sind, das Wachstum zu erfahren, das deine Seele gewählt hat. Und sie weiß auch, dass du es schaffen kannst. Denn was wir spüren, wenn wir uns in der kritischen Phase befinden oder unseren Partner verloren haben, hat im Grunde eigentlich nichts mit dem Partner an sich zu tun. Wir werden lediglich an die Trennung erinnert, die noch ins uns besteht.

Wenn unser Partner in der Reibungs- und Spiegelphase beginnt, uns weniger Liebe und Aufmerksamkeit zu widmen, als wir es von ihm gewohnt sind, fängt es das erste Mal so richtig an, in uns zu brodeln. Das Ego bekommt auf einmal nicht mehr die Nahrung, von der es lebt. Wenn dann das Ganze in der kritischen Phase gipfelt, bekommt das Ego plötzlich Panik, denn alle Urwunden aus der Kindheit, die mangelnde Liebe und Aufmerksamkeit der Eltern, das Gefühl, wertlos und nicht gut genug zu sein, drohen emporzukommen. An diesem Punkt sind wir am Scheideweg angekommen. Wir stehen vor zwei Türen. Die eine Tür lässt uns aussteigen aus der Beziehung, und das Ego gewinnt. Diesen Weg gehen die meisten.

Wenn wir hingegen die andere Tür öffnen, stellen wir uns all den Schmerzen, gehen nach innen und wandeln sie. Natürlich wird man erst einmal ordentlich durchgewirbelt, wenn man sich diesen Urthemen stellt, aber ist man erst einmal durchgegangen, ist es ein Unterschied wie Tag und Nacht. Es ist dann, als würde dich deine Seele kurz hochbeamen, neu verdrahten und zurück auf die Erde setzen. Wenn ich zum Beispiel mit meinen Klienten an diesem Thema arbeite und sie sich nach der Transformation aller verhindernder Themen mit ihrer Selbstliebe zu verbinden beginnen, sind sie oft zwei Minuten nicht ansprechbar. Mit geschlossenen Augen wippt ihr

Kopf leicht hin und her, als würden sie tatsächlich eine neue Konnektivität herstellen …

Wenn du es geschafft hast, durch den Spiegel deines Partners deine innere Trennung zu überwinden, dann hast du als Element deines wahren Ichs die Fähigkeit gewonnen, wahre Liebe zu fühlen. Wahre Liebe ist eine Kraft, die von uns zum anderen fließt, ohne etwas zurückzubrauchen. Denn wenn du alles bereits in dir hast, kannst du die Liebe frei fließen lassen. Du bist vom Bettler zum Spender geworden.

Du hast es von nun an auch nicht mehr nötig, irgendwelche Masken zu tragen, sondern kannst deinem Partner völlig authentisch gegenübertreten und einfach so sein, wie du bist. Diese neue Qualität hat automatisch einen positiven Effekt auf deinen Partner. Denn dadurch, dass du nun selbst die Liebe bist, musst du dich nicht mehr großartig verteidigen. Du hast plötzlich keine Resonanzfläche mehr zu den Themen und dem Ego deines Partners, was ihn auf höherer Ebene dazu einlädt, auch seine Masken fallen zu lassen.

Freundschaften

»Freunde sind die Familie, die man nie hatte.« Keine Frage, gute Freunde und Freundinnen machen das Leben leichter. Sie hören dir zu und trösten dich, wenn es dir schlecht geht. Und obwohl es deinem natürlichen menschlichen Bedürfnis entspricht, Freundschaften zu pflegen, und sie harmonisch verlaufen können, warten in diesem Bereich auch Herausforderungen, sprich Goldschätze, auf dich, die entdeckt werden möchten. Ja, deine Freund*innen spiegeln dich ebenso, und gerade im Rahmen einer Freundschaft schleichen sich gern schon mal Verhaltensmuster ein, die nicht wirklich deinem Selbst entsprechen. Da du dich ja auf dem Weg zu deinem wahren Ich befindest, wirst du auch hier automatisch aufgefordert, immer authentischer zu sein. Lass uns deshalb das Ganze näher beleuchten, damit du ebenso mithilfe deiner freundschaftlichen Beziehungen einige Schatztruhen bergen und öffnen kannst.

Verletzungen aus der Vergangenheit

Selten verlaufen alle unsere Freundschaften reibungslos. Gerade in der Kindheit und Jugend umgaben wir uns mit Menschen, die sich letztlich als Enttäuschung herausstellten oder von denen wir uns aus anderen Gründen wieder trennten respektive getrennt wurden, was unter Umständen tiefe Verletzungen in uns verursachte. Ähnlich, wie wir es schon bei den Eltern gelernt hatten, verdrängten wir die Wunden und gingen und gehen weiter durchs Leben, wobei wir uns möglichst nichts anmerken und erst recht nichts an uns heranlassen wollen. Mit jeder Freundschaft, die nicht funktioniert oder durch welche Umstände auch immer beendet wird, spüren wir weniger Schmerz, was wir dann gern als »Fortschritt« interpretieren. In Wahrheit jedoch ist auch bei Freundschaften das Ego immer größer geworden und sorgt dafür, dass wir uns bei neuen Verbindungen schließlich erst gar nicht mehr richtig öffnen.

Ich weiß zum Beispiel noch genau, wie ich mich als Kind mit einem amerikanischen Mädchen angefreundet hatte. Obwohl Sara und ich uns sprachlich kaum verständigen konnten, entstand sehr schnell eine tiefe Bindung, und wir spielten und lachten den ganzen Tag zusammen. Der Vibe war offenbar sehr passend, weswegen wir es überhaupt nicht als schlimm empfanden, dass wir so gut wie nicht miteinander reden konnten. Mein Herz war vollkommen offen, und ich dachte, wir blieben für immer in Freundschaft verbunden. Doch eines Tages überbrachte mir meine Mutter, die ganz gut Englisch verstand, die Nachricht, dass Sara und ihre Familie sehr bald wieder zurück nach Amerika gehen würden. Du kannst dir sicher vorstellen, wie ich mich fühlte. Obwohl ich es mir eigentlich abtrainiert hatte, vor meinen Eltern Emotionen zu zeigen, brach ich in den Armen meiner Mutter zusammen und heulte Rotz und Wasser. Es hatte mir das Herz gebrochen. Doch das Leben musste weitergehen.

Über die Jahre fand ich natürlich viele neue Freund*innen, und bis in meine Dreißiger fiel mir dabei eine Sache nicht auf: Ich war total verschlossen geworden. Mein Ego hatte all die enttäuschenden Erlebnisse in Freundschaften, gepaart mit den elterlichen Verletzungen, so tief unter Verschluss gehalten, dass mir so lange nicht bewusst war, dass ich mich in meinen aktuellen Freundschaften gar nicht erst öffnete. Ich spielte immer den starken Julian, der alles im Griff hatte, obwohl es in mir ganz anders aussah. Ich hatte totale Angst, mich verletzlich zu machen und Ablehnung zu erfahren.

Wie sieht es bei dir aus? Kannst du dich auch an ähnliche Situationen erinnern, in denen du in deiner Vergangenheit, Verletzungen in Freundschaften erfahren hast? Ich lade dich ein, es zu überprüfen, um es dann zu lösen.

Deine heutigen Freund*innen

Die meisten von uns haben durchschnittlich drei bis fünf Menschen in ihrem Leben, die sie als »sehr gute Freunde« oder »Freundinnen« bezeichnen würden. Neben dem Lebenspartner bilden sie unser größtes Fundament, und wir gehen mit ihnen durch dick und dünn. Aufgrund dessen stellen wir Freundschaften eher ungern infrage, aus Angst, diese Stütze zu verlieren. Die Gewohnheit schleicht sich ein, und wir sind oft bereit, lieber große Kompromisse einzugehen, als ohne Freunde dazustehen. Die Erfahrung zeigt jedoch, dass es sich extrem lohnt, Freundschaften unter die Lupe zu nehmen und zu überprüfen, welche Spiegel noch angeschaut werden wollen. Es kann nur etwas Gutes dabei herauskommen, wenn wir dies tun. Denn wenn wir uns die Themen zu unseren Freundschaften ansehen, bedeutet das nicht gleich, dass sie nicht gut sind oder keine Zukunft haben. Idealerweise können wir in eine tiefere Ebene mit ihnen eintreten.

Es folgt nun beispielhaft eine Auswahl an wertvollen Fragen, die du dir bezüglich deiner Freundschaften stellen kannst, um dein persönliches Gold zu finden.

Welche Gefühle löst mein(e) Freund*in in mir aus?

Der Mensch ist ein Gewohnheitstier. Wenn erst eine Sache ganz gut passt, ändern wir nicht so schnell etwas daran. Und Veränderung ist etwas, was dem Ego sowieso nicht so sehr schmeckt. Das hilft uns derart gut beim Verdrängen, dass uns teilweise gar nicht auffällt, wenn es Dinge in Freundschaften gibt, du uns widerstreben. Trotz eines latent unguten Bauchgefühls tröpfeln die Freundschaften dann teilweise Jahre vor sich hin. Doch jetzt nicht mehr. Dein wahres Ich, auf das du dich nun immer stärker zubewegst, wünscht sich Klarheit und Wahrheit.

Die erste Frage, die es sich also zu stellen lohnt, lautet: Welche Gefühle löst mein(e) Freund*in in mir aus? Sag dir, dass alles, was sich zeigt, da sein darf. Vielleicht bist du wütend, dass es immer nur um ihn oder sie geht? Vielleicht bist du traurig, dass er oder sie dich nie *wirklich* versteht. Möglicherweise spürst du auch ein schlechtes Gewissen, wenn du mal keine Zeit hast. – Werde dir all dieser Gefühle bewusst, um mit der nächsten Frage noch tiefer zu gehen.

Welche Anteile sehe ich im Freund, die ich selbst noch nicht lebe?

Natürlich gilt es ähnlich wie bei Partnerschaften zu überprüfen, was dich bei deinen Freund*innen antriggert und gespiegelt wird. Und auch hier kann es dir Aufschluss darüber geben, was du selbst noch an dir ablehnst und nicht erlaubst zu leben. Gerade bei Freunden können es aber auch Dinge sein, die du an ihnen extrem faszinierend und bewundernswert findest und die dann Aufschluss darüber geben können, was du nicht lebst. Wenn du dir zum Beispiel denkst: »Boa, sie hat so gut ihre Karriere aufgebaut«, kann es sein, dass du dich noch zu klein fühlst und dein eigenes Potenzial zurückhältst. Diese Einsicht bringt dich schon ein gutes Stück weiter auf deinem Weg, den du nun zielstrebig weitergehst.

Wie fühle ich mich, wenn ich mir vorstelle, ohne Freundschaften dazustehen?

Mit dieser Frage möchte ich dich auf keinen Fall dazu animieren, alle deine Freundschaften zu kündigen. Freunde sind ein Geschenk des Lebens, dessen wir uns erfreuen dürfen. Doch wie bei vielem anderen ist es auch hier so, dass wir sie im Außen unbewusst gerne nutzen, um eine innere Leere in uns kaschieren oder zu füllen. Sie geben uns bis zuletzt auch Dinge, die wir uns selbst nicht geben können oder wollen.

Frag dich also mutig: Wie fühle ich mich, wenn ich mir vorstelle, ohne Freundschaften dazustehen? Ist da eine Angst, allein zu sein? Oder die Angst, den Halt und die Unterstützung im Leben zu verlieren? Oder hast du ein ungutes Gefühl, weil du ohne Freunde nicht weißt, was du mit dir anfangen sollst?

Wenn du die innere Arbeit bezüglich deiner Freundschaften leistest, wird sich automatisch auch die energetische Verbindung zu deinen Freund*innen wandeln. Es kann also sehr gut sein, dass sie dir gegenüber ein anderes Verhalten zeigen werden, ohne dass du mit ihnen irgendwas besprochen hättest. Und wenn du gerade in einer schwierigen Situation mit einem Freund oder einer Freundin bist, triff keine vorschnellen Entscheidungen. Schau erst einmal deine inneren Themen an, und löse sie. Danach wirst du ganz deutlich spüren, ob diese Person noch zu dir passt oder halt eben nicht ...

Kinder

Kinder sind wundervolle Wesen. Keine Frage, Kinder zu haben ist eines der großen Highlights, die das menschliche Leben zu bieten hat. Mit einem Mal ist das Leben ein anderes, sobald unser Kind das Licht der Welt erblickt. Doch auch wenn die Liebe zu ihm noch so groß sein mag, nicht immer läuft alles im Folgenden rosig ab. Wenn du eigene Kinder hast, dann weißt du sicher, wovon ich spreche. Wir können ein sehr ausgeglichenes Gemüt haben, ab und zu können sie uns dennoch zur Weißglut treiben.

Je enger eine Verbindung zwischen zwei Menschen, desto stärker spiegeln sie sich. Und da unsere Kinder ja unser eigen Fleisch und Blut sind, wie man so schön sagt, ist ein Triggeralarm quasi vorprogrammiert. Manchmal hat man bei ihnen das Gefühl, sie sind wie eine ideale jüngere Version unserer selbst, an anderen Tagen wiederum zeigen sie ein Verhalten, das uns gar nicht schmeckt.

Außerdem nehmen Kinder oft eine bestimmte Rolle an, um die Familie in Balance zu halten. Es kann also sein, dass ein Kind sich besonders aufmüpfig geriert, wenn Wut unter den Eltern ein Tabu-Thema sein sollte. Obwohl es selten gebührend gewürdigt wird: Was Eltern leisten, ist also enorm. Gerade auch für dich als Mutter oder Vater, wenn du selbst in stürmischen Zeiten bist und deinen inneren Wandel erlebst, kann der Umgang mit dem Nachwuchs zuweilen ein wahrer Drahtseilakt sein.

Auch beim Thema »Kinder« schlage ich dir vor, dass du zuerst schaust, was es mit dir macht, wenn du an dein Kind denkst. Erlaube dir alle Emotionen, die sich zeigen. Im zweiten Schritt analysierst du, welche Anteile dein Kind eventuell sozusagen stellvertretend oder als Indikator für dich lebt, die du dich wiederum nicht zu leben traust. Ist dein Kind zum Beispiel rebellisch? Dann könnte es sein, dass es dich auf höherer Ebene herausfordert und dir im Grunde etwas sagen will wie: »Nun zeig dich doch endlich mal so, wie du wirklich bist!«

Indigo-Kinder

Da deine Seele sich in diesem Leben dafür entschieden hat, zu erwachen und zu ihrem wahren Ich zurückzufinden, bist du jemand, der einen besonderen Weg geht. Diese Tatsache kann gleichzeitig bedeuten, dass du auch ein ganz besonderes Kind auf die Welt gebracht hast. Sogenannte Indigo- oder Kristall-Kinder suchen sich nämlich, bevor sie inkarnieren, solche Eltern aus, die bereits ein hohes Bewusstseinsniveau erreicht haben. Sie brauchen Erziehungsberechtigte, die ihr Wesen und ihre Kompetenz erkennen und wissen, wie man adäquat mit ihnen umgeht.

Diese Kinder sind wirklich etwas ganz Besonderes, und ihr Name rührt von ihrer schillernden Aura her, also dem feinstofflichen Energiefeld, das sie umgibt. Indigo- oder Kristall-Kinder sind alte Seelen. Sie bringen eine große Weisheit mit auf diese Welt und sind ihren Altersgenoss*innen meist um

Längen voraus. Manchmal können sie sogar kurz unheimlich wirken, da sie häufig bereits in jungen Jahren eine so starke Empathie und Intuition besitzen, dass man sich regelrecht durchschaut von ihnen fühlen kann.

Was hinzukommt, ist, dass sie sich auch nicht scheuen, vermeintliche Tabuthemen gnadenlos ehrlich aufs Tapet zu bringen. Wenn man das nicht gewohnt ist, kann dies zusätzlich unangenehm wirken. Mit Autoritätspersonen kommen sie nicht immer gut zurande, gerade wenn sie ihnen etwas befehlen, was nicht ihrem Interesse entspricht oder ihrer Auffassung beziehungsweise ihrem moralisch-ethischen Kompass zuwiderläuft. Lehrer haben daher oft keine leichte Zeit mit ihnen. Es ist auch kein Zufall, dass das sogenannte Aufmerksamkeitsdefizit-Hyperaktivitätssyndrom (ADHS) in den letzten Jahren so stark zugenommen hat, wo doch immer mehr Indigo-Kinder inkarnieren und als solche verkannt werden.

Bewusste Eltern beginnen, nicht nur sich selbst, sondern auch beispielsweise das Schulsystem zu hinterfragen, und suchen nicht selten nach alternativen Lösungen für ihr Indigo-Kind. Denn am Ende des Tages haben diese besonderen Wesen schlichtweg Unmengen an Energie zur Verfügung, die sie dafür einsetzen sollen und wollen, was ihren Interessen entspricht und die Welt in aller Regel zu einem besseren Ort machen wird. Anstatt sie ruhigzustellen, sollte man ihnen also zunächst einmal zuhören und dann entsprechend weitersehen.

Vor einigen Jahren bin ich das erste Mal persönlich mit einem solchen Kind in Kontakt gekommen. Eine gute Freundin stellte mir ihren Sohn vor. Dieser war unfassbar selbstbewusst, und die Art, wie er den Augenkontakt zu mir suchte und hielt, hatte ich zuvor noch nie erlebt. Zu beobachten, wie er sich verhielt und was er von sich gab, verblüffte mich total.

Ich hatte tatsächlich nicht das Gefühl, es mit einem Kind zu tun zu haben.

Der Grund, warum ich die Indigo-Kinder in diesem Kapitel unbedingt erwähnen wollte, ist natürlich, dass sie eine große Chance für unsere Weiterentwicklung sein können. Indigo-Kinder wollen nämlich oft gar nicht den Weg des Egos gehen und ihre Verletzungen verdrängen. Sie leben ihre Gefühle stark aus und lassen sich nicht »brechen«. Wenn man das Glück hat, ein Indigo-Kind an seiner Seite zu wissen, dann hat man sich also gleichzeitig einen starken Spiegel und eine Orientierungsmarke an Land gezogen. Wenn ein Kind zum Beispiel sehr selbstbewusst ist, man selbst aber nicht, glaubt man möglicherweise unbewusst, es etwa durch Vorwürfe wie »Was denkst du eigentlich, wer du bist?« auf den Teppich zurückholen zu müssen. Das funktioniert mit Indigo-Kindern aber nicht. Sie halten einem also permanent den Spiegel vor, und man ist aufgefordert, sein eigenes Niveau anzuheben, statt das des Kindes zu nivellieren.

Grundsätzlich sollte man natürlich immer zuhören, um zu erfahren, was einem Kinder mitteilen möchten. Wenn du aber glaubst, ein Indigo-Kind zu haben, lohnt es sich für dich auf jeden Fall. Achte umso mehr darauf, welche Anteile es dir zeigt, die du noch verdrängt hast, damit du zielgerecht an deiner eigenen Entwicklung arbeiten kannst.

Stolpersteine im Umgang mit Kindern

Gerade beim Thema Kinder sind wir oft sehr hart zu uns selbst und unterdrücken unsere Emotionen. Öfter als gedacht entstehen auch innere Verstrickungen mit unseren Kindern. Deswegen habe ich für dich noch ein paar wichtige Dinge zusammengefasst, die wertvoll zu beachten sind.

Verzeih dir

Nach den Informationen, die du in diesem Buch bisher bekommen hast, kann es sehr gut sein, dass in dir der Gedanke hochkommt: »Oh mein Gott, ich bin ja noch so blockiert. Ich habe so viel falsch gemacht und mein Kind nicht so erzogen, wie es sein sollte.« Vielleicht hat es Schuldgefühle in dir ausgelöst oder ein bereits bestehendes schlechtes Gewissen verstärkt. Und du denkst nun möglicherweise, dass du deinem Kind keine gute Mutter oder kein guter Vater warst.

Ich kann dir dazu nur sagen: Verzeih dir. Du hast dich bemüht, dein Bestes zu geben, und immer nur deinem Entwicklungsstand gemäß handeln können. Auch deine Kinder suchen sich, so wie du es getan hast, auf höherer Ebene ihre Erfahrungen und Verletzungen aus. Sie wollten es so. Deswegen sei ganz beruhigt. Du hättest ihnen möglicherweise sogar eine Erfahrung vorenthalten, die sie machen wollten, wenn du zu früh erwacht wärst. Und außerdem kannst du sofort anfangen, es »besser« zu machen.

Auch Wut zulassen

Was viele unterschätzen, ist auch beim Thema »Kinder« das Wechselspiel zwischen Yin und Yang. Wenn du mit deinem Kind zusammen bist, lebst du in der Wir-Energie, gibst deine Individualität auf, um für dein Kind da zu sein. Aber du hast immer noch dein Ich in dir, das auch Bedürfnisse hat. Manchmal im Alltagsstress, wenn du zusätzlich auch noch viel arbeitest, bleibt nicht immer genug Zeit für dich. Es ist nur menschlich, dass da ab und zu mal Wut auftritt und du dir vielleicht insgeheim manchmal sogar wünschst, dass deine Kinder einfach weg wären. Doch dies sind Emotionen, die wir uns oft nicht erlauben und uns sogar schuldig dafür fühlen.

Alle Gefühle, die wir nicht leben, erzeugen jedoch eine Trennung oder Abspaltung (Dissoziation) in uns. Ich schlage dir hier natürlich nicht vor, deine Wut an deinem Kind auszulassen, und erst recht nicht, ihm zu sagen, dass du es wegwünschst. Es geht vielmehr darum, dass du auf angemessene Weise Grenzen setzt und ganz für dich allein diese Gefühle annimmst, statt sie zu leugnen, damit sie sich wandeln können. Nutze dazu die Werkzeuge im Praxisteil dieses Buches.

Loslassen

Wenn wir Eltern werden, ist dies eine Rolle, die uns ein Leben lang begleitet. Doch das Ego macht oft eine Identität daraus, aus der es Selbstwert zieht. Wir tun uns dann schwer, uns um uns allein zu kümmern und vor allem loszulassen, wenn es angezeigt wäre. Eine Verstrickung entsteht auf solche Weise, die dir nicht erlauben wird, dein wahres Ich zu leben.

Bei Naturvölkern gibt es bis heute Rituale, in denen die Kinder, wenn sie alt genug sind, eine Weile von den Eltern getrennt werden und durch bestimmte Aufgaben auf das Erwachsenenleben in Unabhängigkeit vorbereitet werden. Währenddessen gehen die Eltern bewusst durch die Trauer, dass ihre Rolle nun beendet ist. Wenn die Kinder zurückkehren, begegnen sie sich neu – als Erwachsene, die ihrer Natur gemäß das Leben meistern.

Es lohnt sich auch für dich, ehrlich zu dir zu sein und dich zu hinterfragen, ob du dir die Rolle des Elterndaseins zur Identität gemacht hast und ob du bei dem Gedanken, dass sie wegfällt, einen verringerten Selbstwert und vielleicht sogar eine Leere in dir empfindest. Wenn deine Kinder schon zu Jugendlichen oder jungen Erwachsenen herangereift sind, überprüfe dich, ob du sie auch wirklich losgelassen hast. Hast du ihnen die Verantwortung für ihr Leben übergeben? Traust du ihnen zu, dass sie ihr Dasein ohne dich auf die Reihe bekommen? Hältst du sie noch insgeheim in der Kindsrolle fest, um einen verdrängten Anteil deiner selbst nicht zu spüren?

Wenn dies der Fall ist, solltest du dich davon lösen, um selbst weiter zu reifen und deinem Kind die Selbstständigkeit zu ermöglichen, auf die es sehr wahrscheinlich ohnehin pochen wird. Das schließt natürlich nie aus, dass ihr füreinander da sein werdet, in guten wie in schlechten Zeiten …

Am Arbeitsplatz

Wir leben in einer Zeit, in der immer mehr Menschen ihren Arbeitsplatz fast schon als ihr zweites Zuhause bezeichnen können, denn es ist keine Seltenheit mehr, dass man die Hälfte seiner wachen Lebenszeit in der Firma verbringt. Außerdem geht der Trend bisher eher in die Richtung, dass wir mehr statt weniger Aufgaben auf den Schreibtisch bekommen. Und mal ganz ehrlich: Vielfach haben wir es im Beruf mit Menschen zu tun, mit denen wir freiwillig normalerweise keine einzige Minute verbringen würden. Alles in allem sitzen wir während der Arbeit schon mal auf einem Pulverfass an Emotionen, die wir gezwungenermaßen ignorieren. Schließlich kann der Arbeitsalltag hektisch sein. Zu Hause warten vielleicht schon der Partner und die Kinder, und man hat auch hier allerlei zu erledigen. Selten bleibt da noch Zeit, seine Gefühle aufzuarbeiten.

Der Job als Wachstums-Chance

Dabei können wir den Arbeitsplatz, die Mitarbeitenden und die Kunden, von denen wir tagtäglich umgeben sind, als ein wertvolles Wachstumsfeld betrachten.

Ich möchte dich dazu einladen, deinen Arbeitsplatz unter die Lupe zu nehmen und zu hinterfragen, welche Themen vielleicht auch noch bei dir angesehen werden möchten. Denn ungeahnte Goldschätze warten hier auf dich, und wenn du sie birgst, wirst du nicht nur weitere Schritte in Richtung deines wahren Ichs gehen können. Du wirst auf einmal im völligen »Flow« (siehe unten) zur Arbeit gehen, und auf magische Weise können sich die Gegebenheiten und Umstände verbessern.

Bei welchen Menschen spürst du einen Widerstand oder ein ungutes Gefühl, wenn du an sie denkst? Ist es deine Chefin, die dir mit ihrer selbstverliebten Art Befehle erteilt und die du am liebsten auf den Mond schießen würdest? Transformiere deine Wut, indem du überprüfst, ob sie einen Anteil lebt, den du in gesundem Maße noch nicht lebst. Oder spürst du einen Druck und vielleicht sogar Angst, deinen Aufgaben nicht mehr gewachsen zu sein? Kannst du nicht für dich einstehen, weil du Bammel hast, dann deinen Job zu verlieren?

Transformiere die Themen dahinter. Werde ab sofort auch auf deiner Arbeit zum Detektiv für deine Schattenseiten. Es lohnt sich. Denn wenn wir das lösen, womit wir in Resonanz gehen, ordnen sich die Dinge neu. Es ist ein kosmisches (hermetisches) Gesetz: »Wie innen, so außen.« Nicht selten habe ich mitbekommen, wie Klienten von mir, nachdem wir miteinander gearbeitet hatten, berichteten, dass der Kollege, mit dem sie in Konflikt waren, auf wundersame Weise gekündigt hat oder in eine andere Abteilung versetzt wurde – oder dass sich die Situation auf andere Weise merklich entspannte.

Übrigens: Auch mir gab damals ein Spiegel auf meiner Arbeit den letzten Anstoß, eine der wichtigsten Entscheidungen meines Lebens zu treffen und große Schritte Richtung wahres Ich zu gehen. Als ich mich damals am Bodensee noch von der

Trennung von meiner Ex erholte, arbeitete ich in einem Café. Ich wusste damals schon, dass ich mich selbstständig als Coach machen wollte, und weil ich die Wut über die Trennung verwandeln konnte, wurde viel Kraft in mir frei, die ich nutzen wollte, um durchzustarten. Ich war fast soweit, aber irgendetwas fehlte noch. In dem Café, in dem ich noch arbeitete, war ich ziemlich schnell in eine relativ hohe Position gekommen. Der Chef wollte gern eine ruhige Kugel schieben, sodass ich den Laden leitete. Ein Teil von mir genoss es, und ich merkte schnell, dass mir so was liegt und ich wohl eine Art Führungspersönlichkeit wäre. Aber am Ende des Tages war es nicht mein Laden. Ich hatte so viele Ideen und wollte, dass der Laden wächst. Der Chef jedoch ließ mich immer abblitzen. Ich schaute die Wut an, die ich ihm gegenüber entwickelte. Als ich sie lösen konnte, wurde ich ruhiger, spürte jedoch, dass noch etwas darunter lag. Ich merkte, dass er einen Anteil lebte, den ich noch nicht hatte. Ich musste mein eigener Chef sein. Daher fasste ich den Mut und kündigte, und begann, mich selbstständig zu machen.

Selbstständige

Wenn du selbstständig bist, so lohnt es sich natürlich genauso hinzusehen, was in deinem Arbeitsumfeld so geschieht. Denn von deiner Energie hängt alles ab. Auch dir werden wertvolle Dinge gespiegelt. Deine Mitarbeiter spiegeln dich, deine Kunden spiegeln dich, und dein Erfolg spiegelt dich. Also frag dich: Welcher deiner Mitarbeiter geht dir besonders auf den Keks? Welche Art von Kunden ziehst du an? Gibt es vielleicht immer wieder dieselben Probleme mit ihnen? Somit gewinnst du schon mal wertvolle Hinweise auf deine eigenen Befindlichkeiten.

In meiner Laufbahn als Selbstständiger habe ich so auch oft Dinge gespiegelt bekommen. Heute bin ich dankbar dafür, aber ich kann dir sagen, damals hätte ich manchmal echt göbeln können. Ein Beispiel, das einen anschaulichen Vorher-nachher-Effekt zeigt, ist, dass ich vor einigen Jahren begonnen hatte, Klienten über einen längeren Zeitraum von drei Monaten intensiv zu begleiten. Obwohl ich mich auf die neue Aufgabe freute, war diese ungewohnte Art der Zusammenarbeit selbstredend um ein Vielfaches teurer als die Einzelsitzungen, die ich bis zuletzt anbot. Mit etwas mulmigem Gefühl schaffte ich es tatsächlich, zweimal das neu geschnürte Paket zu verkaufen. Es war ein tolles Gefühl, das jedoch nicht lange anhielt, denn für die nächsten drei Wochen hatte ich keinen einzigen Klienten mehr für eine Zusammenarbeit gewinnen können. Bestimmt dreißigmal hintereinander hatte ich ein Nein kassiert, und das, obwohl viele der Interessenten perfekt zu mir gepasst hätten und auch das nötige Kleingeld hatten. Irgendetwas kam immer dazwischen. Es war zum Verrücktwerden.

Ein Teil von mir wurde unruhig und spielte schon mit dem Gedanken, wieder den alten Job im Café anzunehmen. Ein anderer Teil in mir hatte zum Glück die Idee, sich zu fragen: »Was könnte mir hier gespiegelt werden?« Ich fand heraus, dass ich tief in mir immer noch nicht ganz glaubte, es wert und gut genug zu sein, dass jemand sich für dieses Geld für so einen langen Zeitraum auf mich und meine Arbeit einlassen würde. Diese Erkenntnis transformierte es, und plötzlich drehte es sich komplett. Ein wunderbarer Flow – ein Zustand, in dem man völlig aufgeht und in dem alles »im Fluss« ist – entstand, und innerhalb kürzester Zeit hatte ich eine Handvoll neuer Traumklienten, mit denen es richtig Spaß machte zu arbeiten. Meine Außenwelt hatte sich meiner veränderten Innenwelt angepasst. Schön zu hören war auch, wie einige meiner Neukunden berichteten, dass sie wie durch Zauberhand auf meiner Website gelandet waren und ganz intuitiv Kontakt zu mir aufgenommen hatten. Das verstärkte meinen Glauben in die Magie des Universums noch ein weiteres Mal.

Ich kann es nur immer wieder betonen: Wenn wir unsere Schattenseiten lösen und uns unserem wahren Ich nähern, kommt die Magie mit ins Spiel. Alles richtet sich neu aus, und ein wunderbarer Flow kann entstehen.

Krankheiten und Süchte

Über Krankheiten haben wir schon gesprochen, als es darum ging, wie unsere Seele mit uns kommuniziert. Da es so faszinierend ist, wie Krankheiten uns spiegeln, und wir, wenn wir uns dafür öffnen, eine Menge an Selbsterkenntnis und Wachstum hin zu unserem wahren Ich erleben können, möchte ich noch einmal genauer mit dir hinsehen. Egal, ob du gerade ernsthaft krank bist oder vielleicht nur ab und zu kleine Wehwehchen hast, über Krankheiten kannst du sehr viel über dich herauslesen und wandeln. Denn Krankheiten sind nicht nur nach Auffassung psychosomatisch orientierter Mediziner materialisierte verdrängte Gefühle und Blockaden.

Wie Krankheiten entstehen

Ich möchte dir nun vor dem Hintergrund fernöstlicher Philosophien skizzieren, wie meiner Meinung nach Krankheiten entstehen. Wir alle haben der Traditionellen Chinesischen Medizin (TCM) zufolge sogenannte Meridiane, darunter versteht man sublime Energiebahnen, die unseren Körper durchziehen.

Durch sie fließt die reine Lebensenergie, auch »Chi« oder »Qi« genannt, und verteilt sich im ganzen Körper. Es ist ein stetiger Fluss, der in perfekter Harmonie und Balance funktioniert. Jede Meridianbahn hat eine organische Entsprechung und sorgt dafür, dass immer genug Chi verteilt wird. Der Herzmeridian entspringt dem Herzen, der Nierenmeridian verläuft an den Nieren vorbei und so weiter. Nach hinduistischer Auffassung werden wir über unsere Chakren mit Lebensenergie versorgt, das sind feinstoffliche Energiezentren, die hauptsächlich im Verlauf der Wirbelsäule in unserem Energiekörper angeordnet sind. Auch hier durchziehen Energiebahnen unseren Körper, die ähnlich wie die Meridiane funktionieren und »Nadis« (Sanskrit für »Kanäle, Röhren«) genannt werden.

Doch jetzt wird es spannend. Jedes Organ kann zusätzlich einer bestimmten Emotion zugeordnet werden. Beim Herzmeridian ist es zum Beispiel die Emotion der Liebe. Immer wenn wir uns in unserem Leben dazu entscheiden, Gefühle oder Überzeugungen zu verdrängen, anstatt sie bewusst zu durchleben, entsteht psychologisch betrachtet eine Trennung in uns. Interessanterweise zeigt sich diese Trennung auch auf körperlicher Ebene. Mit jeder Verdrängung in uns entsteht automatisch eine Unterbrechung im Meridiansystem, und die Lebensenergie kann nicht mehr ungehindert fließen. Präzise genau entstehen die Unterbrechungen an den Meridianbahnen, die für die Versorgung des Organs mit der zugeordneten Emotion passt. Das heißt, wenn jemand die Schmerzen einer enttäuschten Liebe verdrängt, kann es sein, dass es zu einer Unterbrechung im Verlauf des Herzmeridians kommt und die Lebensenergie nicht mehr ungehindert fließen kann.

Je nachdem, wie groß die Verletzung ist, die verdrängt wird, umso größer ist die Unterbrechung im Meridiansystem.

Wenn nun über einen längeren Zeitraum hinweg kaum Lebensenergie im jeweiligen Organ ankommt, liegt es auf der Hand, dass Krankheiten entstehen können.

Ich habe beispielsweise einen guten Freund, der schon immer ein kleiner Hitzkopf war. Bei allem, was er tat, wirkte er zudem sehr verbissen. Wenn etwas nicht so lief, wie er sich das vorstellte, wurde er förmlich zum Tier. Seine Hauptemotion war die Wut. Er war wütend auf sich, wütend auf andere und wütend auf die ganze Welt, wenn die Dinge nicht rundliefen. Obwohl er sich bewusst gesund ernährte, bekam er Anfang dreißig ein fettes Magengeschwür. Durch seine permanente Wut war nämlich die Versorgung über den Magen-Meridian unterbrochen, und er konnte dem Organ nicht mehr genug Lebensenergie zur Verfügung stellen. Es geriet aus der Balance. Der Ausdruck »Ich bin sauer« beschrieb in diesem Fall sowohl seine psychische Verfassung als auch sein Magenmilieu, das ordentlich übersäuert war.

Zum Glück ist er ein bewusster Mensch, sodass er recht schnell erkannte, was dahintersteckt. In seinem Fall war es der strenge Vater, der ihm diese Verbissenheit eingebläut hatte. Er konnte das Thema lösen, und recht schnell verschwand auch das Magengeschwür.

Und genau das ist der Zauber, wenn wir Krankheiten durchschauen und die Themen dahinter aufarbeiten. Wir werden wieder gesund und sammeln wertvolle Anteile unserer selbst ein. Unserer Körper ist ein wahres Wunderwerk, und wenn der Knoten gelöst ist, kann die Energie wieder frei fließen, und im Idealfall treten erstaunliche Selbstheilungsenergien in Kraft.

Beginne also, deine (möglichen) körperlichen Beschwerden als potenzielle Chancen zur Weiterentwicklung zu sehen. Hierzu folgen nun einige Fragen, die du dir stellen kannst.

Welche Gefühle hast du bezüglich der Tatsache, dass du krank bist?

Akzeptanz ist der erste Schritt zur Besserung. Und glaub mir, ich weiß aus eigener Erfahrung, dass es ziemlich nervig sein kann, Krankheiten zu haben, gerade wenn sich das Ganze über einen längeren Zeitraum hinzieht. Aber genau wie bei unseren Gefühlen, die wir zuerst einmal erkennen und akzeptieren dürfen, bevor wir sie transformieren können, verhält es sich auch mit Krankheiten. Wenn wir im ersten Schritt erst einmal in Frieden damit kommen, dass die Situation so ist, wie sie ist, wird bereits der Weg zur Heilung beschritten. Frage dich also: Was macht es mit mir, dass ich die Krankheit habe?

Vielleicht ist da eine Trauer und Verzweiflung, dass es nicht besser wird. Vielleicht auch ein Gefühl der Ungerechtigkeit. Bestimmt ist da auch Angst, dass es nie vorübergeht oder sogar schlimmer wird. Dieser wertvolle erste Schritt sorgt dafür, dass die Meridiane schon wieder ein Stück freier fließen.

Wann ist die Krankheit entstanden?

Zu hinterfragen, wann die Krankheit das erste Mal entstanden ist, kann dir Aufschluss über das Thema dahinter geben, das dir gespiegelt werden soll. Versuche, dich daran zu erinnern, in welcher Lebenssituation du warst und welche Themen es angetriggert hat. Wenn dich eine körperliche Beschwerde schon länger begleitet, frage dich, in welchen Situationen sie besonders stark aufgetreten ist.

Vor was bewahrt dich deine Krankheit?

Eine weitere Herangehensweise, um den Hintergründen einer körperlichen Beschwerde auf die Spur zu kommen, ist zu erkennen, wovor sie uns bewahren will. Als ich mich zum Beispiel in Hamburg in einer Krise befand, musste ich mich jeden einzelnen Tag morgens übergeben. Zu Beginn hatte ich noch nicht das nötige Bewusstsein, um zu verstehen, was tatsächlich dahintersteckte. Erst als ich zu reflektieren begann, verstand ich, warum mich es so lange begleitete. Mein regelmäßiges Übergeben bewahrte mich davor, nicht mehr Herr meiner Panikgefühle und Platzangst zu sein. Und es funktionierte. Immer wenn ich mich damals übergab, fühlte ich mich tatsächlich viel ruhiger. Als ich die Themen schließlich bearbeitet hatte, konnte ich sogar Dankbarkeit dafür entwickeln, dass dieses Symptom mir sozusagen einen Dienst erwiesen hatte. Das war nun nicht mehr nötig, und die Symptome traten nicht mehr auf.

Süchte

Ähnlich wie Krankheiten können auch Süchte auf Themen aufmerksam machen, die auf unserem Lebensweg einer Bearbeitung unterzogen werden möchten. Und ich meine damit nicht nur die heftigen Süchte nach Alkohol oder harten Drogen. Es sind auch solche, die wir auf Anhieb gar nicht als solche bezeichnen würden. Zucker zum Beispiel ist ein sehr verbreitetes Suchtmittel, das von vielen gar nicht als solches erkannt wird. Kaffee oder andere koffeinhaltige Getränke und Tabak schon eher, aber es gibt auch eine Sucht, sich Kleidung und viele weitere Produkte zu kaufen ebenso wie bestimmte Verhaltensweisen zu ritualisieren.

Ich will hier nicht den Moralapostel geben. Ich bin selbst auch ein Genussmensch, der nicht immer hundertprozentig nur auf seine Gesundheit achtet. Während ich dieses Buch schreibe, drehe ich mir zum Beispiel schon auch ab und zu mal eine Zigarette (aus Naturtabak ...). Aber die Dosis macht das Gift. Und worauf ich an dieser Stelle eigentlich hinauswill, das sind die Themen hinter den Süchten.

Süchte sind uns treue Diener, wenn es darum geht, bestimmte Gefühle zu unterdrücken oder Vermeidungsstrategien zu fahren. Es ist teilweise total verrückt, was hinter Süchten stecken kann. Ich kann mich zum Beispiel noch sehr gut daran erinnern, dass mein Ausbilder vor einigen Jahren mit einer Teilnehmerin in einem Seminar vor der Gruppe ihre Zigarettensucht löste. Auch hier wurde ein leerer Stuhl vor die Teilnehmerin gestellt, und sie hat ihre Zigarettenschachtel darauf gelegt. Sie ging sofort in Resonanz und die beiden lösten erst einmal die Emotionen, die an der Oberfläche waren: »Wütend, dass ich süchtig bin. Traurig, dass ich nicht aufhören kann.« Nachdem sich die Emotionen transformierten, stellte der Ausbilder eine entscheidende Frage: »Bei was helfen dir die Zigaretten?« Nach kurzem Zögern und Überlegen kam es plötzlich in ihr an die Oberfläche: Ihre Augen füllten sich mit Tränen, und sie entgegnete ihm: »Es hilft mir, mich mit meiner Mama verbunden zu fühlen.« Während ihre Tränen ihre Wangen herunterzulaufen begannen, führte sie fort, dass ihre Mutter seit einigen Jahren verstorben war und sie, als sie noch lebte, aus Gefälligkeit mit ihr rauchen ging, weil sie sich dann immer so toll öffnete und sie über alles reden konnten. Nun kam ein ganzer Schwall an unterdrückter Trauer hoch und die Angst, dass, wenn sie das Rauchen aufgäbe, sie ihre Mutter endgültig loslassen müsste. Sie vermochte alles zu lösen, sodass sie tatsächlich aufhören konnte, gleichzeitig wertvolle Schattenarbeit leistete und einen Schritt näher an ihrem wahren Ich war.

Wenn du noch die eine oder andere Sucht in deinem Leben identifizierst, kannst du am besten an die Themen dahinter kommen, indem du ein paar Tage lang deiner Sucht nicht folgst und darauf achtest, was in dir hochkommt. Sicher gelingt es dir dann in ähnlicher Weise, erfolgreich Schattenarbeit zu leisten und der Sucht zu signalisieren, das sie nun nicht mehr gebraucht wird!

Die Frage nach der eigenen Lebensaufgabe

Willkommen zu einem meiner persönlichen Lieblingsthemen auf dem Weg zum wahren Ich. Die eigene Lebensaufgabe zu finden und zu leben stellt für sehr viele Menschen eine scheinbar unüberwindbare Hürde dar. Doch dieses Thema, auch wenn es auf den ersten Blick unangenehm wirken sollte, ist nicht zu vernachlässigen. Menschen, die für diese Inkarnation das Ziel gewählt haben, zu ihrem wahren Ich zu finden, wollen sich auch mit den Farben ihrer Seele, sprich den Gaben und Talenten, hier auf Erden ausdrücken. Wir sind nicht mehr die Generation, die sich, nachdem sie die Erfüllung in sich gefunden hat, auf eine einsame Insel zurückzieht und Tag und Nacht meditiert. Wir wollen am Leben teilhaben, unseren Platz einnehmen und mit unseren Talenten etwas Positives bewirken, das auch anderen zugutekommt.

Falls sich bei dir bereits jetzt ein ungutes Gefühl einstellen sollte, weil du noch nicht deiner Lebensaufgabe entsprechend lebst und vielleicht zu diesem Zeitpunkt noch überhaupt keinen blassen Schimmer hast, was das überhaupt sein könnte, bitte sei unbesorgt. Es ist alles in Ordnung. Bisher warst du aufgrund deiner Verletzungen und Ego-Muster schlichtweg nicht in der Lage, Schritte in diese Richtung zu gehen. Du konntest deinen Weg bis hierhin gar nicht anders wählen. Du hast keine Zeit verschwendet, und dich trifft keine Schuld. Beides ist sowieso nur eine Illusion.

Okay, zurück zum Thema. Vielleicht hast du dir ja schon das eine oder andere Mal Videos, Bücher oder Artikel zu Gemüte geführt, in denen dir verklickert wurde, wie leicht es doch sei, sich dafür zu entscheiden, seine Berufung zu leben. Du müsstest dir ja nur Ziele setzen und sie verfolgen. Im ersten Moment warst du eventuell noch begeistert, aber als der Anfangshype vorbei war, bist du wieder zurückgefallen und hast nichts verändert. Es gibt mehrere Gründe, warum es leider nicht ganz so einfach ist, wie dir viele sagen wollen. Einer davon ist, dass nicht selten unsere größten Schattenseiten überhaupt verhindern, dass wir unsere Lebensaufgabe fühlen, geschweige denn leben können. Denn das, was wir uns da teilweise auf Seelenebene gutgläubig und voller Zuversicht an Erfahrungen herausgesucht haben, fühlt sich plötzlich nicht mehr so einfach machbar an, wenn wir durch den Kanal des Vergessens gegangen sind und hier auf der Erde weilen.

Um es einmal etwas salopp zu formulieren und überzeichnet anschaulich zu machen, kannst du dir vorstellen, du wärest eine leichtfüßige Seele, die schon länger nicht mehr auf der Erde war und sich denkt: »Ach, ich hab Bock, mal wieder richtig was zu erleben; das schaffe ich schon alles.« Du läufst pfeifend mit deinem Einkaufswagen zwischen den Regalen der Erfahrungen und pickst dir eine krasse Sache nach den anderen raus. »Ah, tiefe Verletzungen in der Kindheit? Rein damit, das wird lustig. Oh, verlassen werden von der großen Liebe? Klasse, nichts wie her damit. Na, was haben wir hier? Große Lebensaufgabe mit viel Verantwortung, hm, wieso nicht?« Du packst den »Einkauf« in deine Tüte der geplanten Erfahrungen und machst dich auf den Weg Richtung Erde.

Ich denke, du kennst diese Momente, in denen du dir dann dachtest: »Mein Gott, was hab ich mir da nur rausgesucht für dieses Leben.« Oder? Zu unseren Urängsten bezüglich unserer Lebensaufgabe zählen nämlich meistens die Angst zu scheitern, die Angst vor unserer wahren Größe und die Angst, dass wir nicht gut genug sind.

Du kannst dir sicher vorstellen, wie groß demnach das Ego-Konstrukt sein kann, das uns vor diesen Schattenseiten bewahren möchte. Geschickt überzeugt es viele Menschen, sich lieber ihr Leben lang kleinzumachen, sich für andere aufzuopfern und die Verantwortung für sie zu übernehmen, anstatt sich mit der eigenen Lebensaufgabe zu verbinden.

Du kannst mir glauben, ich konnte über die Jahre immer wieder live mit meinen Klient*innen erleben, wie tief diese Themen sitzen und wie geschickt das Ego seine Geschütze auffährt, um die Verbindung mit der Lebensaufgabe zu verhindern. Es ist also unerlässlich, diese Schattenseiten zu erlösen, bevor man sich mit dem wertvollen Teil des wahren Ichs verbinden kann, der sich »Lebensaufgabe« nennt.

Sehr häufig habe ich auch Menschen betreut, die sich beim Thema in einer Art Zwischenzustand befanden. Sie hatten zwar einen gewissen Zugang zu ihrer Lebensaufgabe und wussten, wo ihre Gaben und Talente lagen, hatten jedoch noch nicht ihre Themen dahinter geklärt. Sie konnten sich somit nicht ganz mit diesem Anteil verbinden, was zur Folge hatte, dass sie teilweise jahrelang so dahindümpelten und sich im Außen kein Flow für sie einstellte. Obwohl sie sich Ziele setzten und sehr motiviert waren, war es für sie teilweise wie verhext.

Was sie zu diesem Zeitpunkt noch nicht wussten, war, dass ihre Blockade nur einer der Gründe war, warum es nicht bei ihnen flutschte. Der andere war, dass sie noch nicht mit der Magie des Universums verbunden waren. In unseren Köpfen ist teilweise noch tief verankert, dass es extrem kompliziert ist, seine Lebensaufgabe auf den Weg zu bringen. Wir sehen diesen Riesenberg vor uns, und es erscheint unmöglich, ihn zu erklimmen. Wie viele Wanderschuhe liegen wohl am Fuß des Berges der Lebensaufgabe, von Menschen, die sie ausgezogen haben, bevor sie überhaupt richtig losgelaufen sind?

Das Geheimnis ist, man muss nicht die weit entfernte Spitze des Berges anvisieren, wenn man beginnt zu gehen. Es genügt, den Blick auf die Wanderschuhe zu richten, die Schritt für Schritt weiterführen.

Wenn wir es nämlich schaffen, unsere Urängste und Schattenseiten peu à peu in Gold zu verwandeln, werden wir allmählich eins mit unserer Lebensaufgabe. Wir fühlen sie nach und nach mit jeder Faser unseres Seins. Sobald wir uns dann für die Magie des Universums öffnen und bereit sind zu empfangen, breitet sich ein Weg vor uns aus, der uns staunen lässt. Wenn wir in unserem wahren Ich und mit unserer Lebensaufgabe verbunden sind, erzeugen wir einen regelrechten Sog für Wunder. Das Leben richtet sich nach uns aus und orchestriert alles so zu unseren Gunsten, dass wir unseren nächsten Schritt gehen können. Wir lernen, unserer Intuition zu folgen, und alles fügt sich. Wie innen, so außen.

Ich gebe zu, im ersten Moment klingt das alles fast zu schön, um wahr zu sein. Aber es funktioniert. Also hätte mir zum Beispiel jemand vor ein paar Jahren gesagt, dass du heute mein mittlerweile zweites Buch in den Händen halten kannst, hätte ich es wahrscheinlich nicht für möglich gehalten. Auf meinem Weg habe ich es geschafft, mich innerlich so mit meinem wahren Ich zu verbinden, dass meine Intuition mir immer Impulse für den nächsten Schritt gab. Alles fügte sich nach und nach, indem ich einfach der Freude folgte.

Für dich wird das genauso funktionieren. Wenn du erst einmal innerlich »connected« bist, wirst auch du geführt sein. Und falls du schon in einem fortgeschrittenen Alter bist, macht das auch nichts. Ich habe eine Bekannte, die mit ihren über siebzig Jahren beschlossen hat, sich als Lebensberaterin selbstständig zu machen. Zeit ist eine Illusion, es gibt nur das Hier und Jetzt.

Du wirst im Praxispart des Buches die Chance haben, sowohl deine Hürden und Schattenseiten bezüglich deiner Lebensaufgabe zu überwinden als auch dich mit ihr zu verbinden.

Fülle

Wenn ich an das Thema »Fülle und Geld« denke, fühle ich mich glatt wieder zurück in meine Kindheit versetzt, als ich von meinen Eltern immer wieder hörte: »Das können wir uns nicht leisten.« Obwohl es uns an nichts fehlte und meine Eltern eigentlich nicht schlecht verdienten, lag permanent eine Anspannung und ein Empfinden des Mangels in der Luft, wenn es um das Thema »Geld« ging. Daher ist es auch kein Wunder, dass ich bis zu meinem dreißigsten Lebensjahr noch unter Existenzängsten litt und immer gerade so über die Runden kam. Ich weiß auch noch genau, wie ich früher immer wohlhabende Menschen verabscheute. Ich interpretierte Arroganz und Oberflächlichkeit in sie hinein, bis ich mich selbst durchschaute und erkannte, dass sie eigentlich nur meine Spiegel waren.

Schließlich konnte ich meine Anteile integrieren. Mittlerweile habe ich das Thema »Fülle« zum Glück gemeistert, und auf dem Weg dahin war ich sehr überrascht, wie komplex und tief doch meine Blockaden dazu waren. Fülle ist eigentlich unser Geburtsrecht, und ja, es ist auch ein Teil unseres wahren Ichs. Unser Ego, das sich ja bekanntlich als getrennt sieht, lässt uns, wenn wir es nicht überwinden, in der Illusion des Mangels gefangen. Auch dieses Muster entsteht meist schon in der Kindheit. Mit Fülle meine ich übrigens nicht nur Geld. Geld ist lediglich eine Energie, die uns anzeigt, ob wir innerlich mit der Fülle verbunden sind oder nicht.

Es sind auch viele Missverständnisse über dieses Thema in Umlauf. Es gibt zum Beispiel viele Bücher, die einem zeigen wollen, wie man durch Visualisieren oder Ähnliches Fülle und Reichtum in sein Leben zieht. Aber beim Manifestieren geht es genau genommen darum, dass wir alle Trennungen in uns überwinden, sodass der natürliche Fluss der Fülle zu uns fließen kann.

Das Universum ist nicht ungerecht oder »böse« zu dir, wenn du bisher eher im Mangel gelebt hast. Es reagiert nur darauf, wie du innerlich ausgerichtet bist. Stell dir dazu vor, dass über dir ganz viele Geschenke des Universums schweben und deine innere Ausrichtung darüber entscheidet, welche davon hinunterfallen dürfen und welche nicht. Frag dich also: »Was verhindert noch, dass mich Fülle umgibt?« Beispiele für Muster, die dich im Mangel halten könnten, sind etwa Glaubenssätze wie »Ich habe es nicht verdient«, »Ich bin wertlos«, »Ich glaube, es muss schwer sein« sowie unbegründete Existenzangst.

Wenn du dies erkannt hast, dich sukzessive mit deinem wahren Ich verbindest und im vollen Vertrauen in den Fluss des Daseins begibst, wird dich das Leben mit Fülle umgeben. Und abgesehen davon, wenn du die Erfüllung in dir gefunden hast, wirst du so im Frieden sein, dass dir die größte Menge materiellen Reichtums sowieso nichts geben kann, was du nicht schon in dir hättest. Umso mehr wird das alles jedoch zu dir fließen.

Wege, um zum wahren Ich zu finden

Schauen wir uns noch einmal komprimiert an, welche Möglichkeiten wir haben, unserem wahren Ich allmählich immer näher zu kommen.

Die Welt als Spiegel

Bisher haben wir über die wichtigsten Lebensbereiche und Themengebiete gesprochen, die uns im Allgemeinen betreffen und spiegeln, zum Beispiel im Zusammenhang mit den Eltern. Letztlich kann uns aber jeder Mensch, jede Situation, jeder Ort, also alles, was uns in der Außenwelt begegnet, spiegeln und triggern. Wie du weißt, ist eine gängige Reaktion unseres Egos, die Eindrücke aus unserem näheren oder weiteren Umfeld in Gut oder Schlecht und Richtig oder Falsch einzuordnen, womit es uns aus dem Hier und Jetzt zu bringen versucht und vor der vermeintlich unwillkommenen Beschäftigung mit unserem wahren Ich ablenkt.

Und ja, wenn wir uns unsere Welt da draußen ansehen, gibt es theoretisch sehr viel, was man als falsch und schlecht bewerten könnte. Aber wie schon erwähnt wurde, ist unsere Welt auf höherer Ebene eine Spielwiese der Selbsterkenntnis. Das heißt, auch wenn es manchmal schwerfällt, sie so zu akzeptieren, wie sie jetzt gerade ist, so soll sie dennoch genau so sein, wie sie eben ist, um den Seelen der Menschen, die auf ihr wohnen, die Erfahrungen zu bieten, die sie machen wollen.

Während du also durchs Leben gehst und all das Geschehen beobachtest, werde auch hier zum Detektiv, und sei wachsam, wenn dein Ego dich mal wieder durch Wertungen und dergleichen aus dem Hier und Jetzt holt, und überprüfe, welche verdrängte Wahrheit dahinterstecken könnte. Denn dein wahres Ich kennt nur Frieden und die grundsätzliche Akzeptanz all dessen, was ist.

Die richtigen Fragen stellen

Nicht immer brauchen wir untrügliche Spiegel, die uns auf brachiale Weise vor Augen führen, welche Themen noch in uns erlöst werden wollen. Alles, was es braucht, ist Bewusstsein. Bewusstsein kann man ebenso erlangen, indem man sich selbst die richtigen Fragen stellt. Ich habe ein paar für dich zusammengestellt, die du durchgehen kannst, um zu schauen, ob du damit in Resonanz gehst. Wenn du dich in einer oder mehreren Fragen wiederfindest, so trage die Antwort darauf ebenso im Praxispart ein, um es Schritt für Schritt zu lösen.

Sinnvolle Fragen, die du dir stellen kannst, sind zum Beispiel die folgenden:

- Kann ich mich so lieben und akzeptieren, wie ich bin?
- Fühle ich mich wertvoll, so wie ich bin?
- Was hole ich mir noch im Außen, was ich mir im Inneren nicht geben kann?
- Was verhindert noch, dass ich Person XY so akzeptieren kann, wie sie ist?
- Wo verurteile ich mich noch selbst und warum?
- Wem kann ich noch nicht verzeihen und warum?
- Welche Gedanken und Gefühle habe ich bezüglich der Zukunft?
- Was verhindert noch, dass ich mit meiner Vergangenheit in Frieden komme?
- Welche Vorhaben, die ich eigentlich gern umsetzen würde, halte ich noch zurück und warum?
- Wie durfte ich in meiner Kindheit nicht sein und erlaube es mir immer noch nicht?

Eine Frage, der besondere Aufmerksamkeit gebührt, ist die Frage: »Wer bin ich wirklich?« Wenn wir in unserer Kindheit die Worte »ich« und »meins« lernen, beginnt es schon: Unser Ego fängt an, sein Identitätskonstrukt zu bauen. Schenkt man einem Kind zum Beispiel eine Puppe, beginnt es, sich mit der Puppe als »meine« Puppe zu identifizieren. Hat dann vielleicht eine Freundin des Kindes eine größere Puppe, so entsteht vielleicht sogar schon der erste Schmerz im Kind, da die Freundin vermeintlich mehr oder etwas Besseres hat und sich das Kind eventuell obendrein noch einbildet, dass die Freundin dadurch wertvoller wäre als es selbst. Und so sammeln wir im Lauf der Jahre viele Eindrücke, aus denen wir unsere Identität aufbauen und sie als positiv und negativ bewerten:

- Ich war ein schlechter Schüler – *negativ*.
- Ich habe mein Leben lang fleißig gearbeitet – *positiv*.
- Ich bin ein Abenteurer, denn ich habe viele Länder bereist – *positiv*.
- Ich habe nie eine Beziehung geführt, die länger als ein Jahr dauerte – *negativ*.

Wir haben all die Erfahrungen der Vergangenheit im Gepäck, die wir als gut oder schlecht abspeicherten, und nennen es unsere Identität. In Gesprächen neigen wir dann dazu, Elemente unserer Identität, die wir als schlecht oder nicht liebenswert eingeordnet haben, gar nicht erst zu erwähnen oder, wenn wir darauf angesprochen werden, uns schrecklich zu fühlen. Doch dieses Identitätskonstrukt macht unfrei und ist zudem sehr wackelig.

Stell dir einen Menschen vor, der über zwanzig Jahre hinweg eine tolle Karriere hingelegt hat, die immer steil nach oben ging, weswegen er seine Identität als »Ich bin ein ultraerfolgreicher Karrieretyp« aufbaute. Wenn diesem Menschen aus welchem Grund auch immer gekündigt wird, so kann es sein, dass von der einen auf die andere Sekunde sein ganzes Identitätskartenhaus zusammenfällt und er sich fühlt wie der letzte Loser. Er wird dann wahrscheinlich alles tun, um dieses Identitätsbild zurückzubekommen, was unter Umständen von vornherein zum Scheitern verurteilt ist, woran er dann schließlich zu zerbrechen droht.

Am Ende sind all die eher äußerlichen Dinge, die wir zu sein oder zu haben glauben, Teil der Illusion unseres Egos. Unser wahres Ich denkt nicht in solchen Kategorien. Unser wahres Ich »ist« einfach. Um es ein weiteres Mal zu sagen: pures Sein im Hier und Jetzt. Es liegt eine unfassbare Freiheit darin, seine Ego-Identität abzulegen.

Beobachte dich also auch hier in deinem Alltag. Was hältst du in Gesprächen zurück, weil du glaubst, es wäre negativ und du wärst dadurch nicht liebenswert? Was hebst du besonders gern hervor, weil du deinen Selbstwert daraus ziehst?

Ein weiteres Element, sich mit seinem wahren Ich zu verbinden

Bisher haben wir in diesem Buch über Wege gesprochen, wie du deine Schatten in Licht verwandeln kannst, um mehr und mehr dein Ego aufzulösen und zu deinem wahren Ich zurückzukehren. Der Effekt, der sich dadurch zeigen wird, ist, dass dein Ego nach und nach seine Daseinsberechtigung verliert und du automatisch viel präsenter im Hier und Jetzt bist. Denn wie wir schon besprochen haben, hat das wahre Ich es nicht nötig, sich aus der gegenwärtigen Situation herauszutrennen und an die Vergangenheit oder Zukunft zu denken. Es kann sich voll dem Hier und Jetzt hingeben.

Es gibt noch einen weiteren Weg, wie du dich immer mehr mit deinem wahren Ich verbinden kannst. Dieser Weg wird auch von vielen spirituellen Lehrern beschrieben und anderen Menschen vermittelt.

In vielen Büchern zum Thema »Ins Hier und Jetzt kommen« wird beschrieben, dass es einfach nur darum geht, sich in seinem Leben als Beobachter zu sehen. Sozusagen permanent die Adlerperspektive einzunehmen und darauf zu achten, die Gedanken auszuschalten. Es wird beschrieben, dass man es mit ein bisschen Übung immer besser schafft, sich zu ertappen, wenn man in die Gedanken des Egos rutscht und sich dann einfach wieder daran erinnert, sie auszuschalten und ins Hier und Jetzt zurückzugelangen. Leider ist dieser Vorgang in der Umsetzung nicht ganz so einfach, wie es im ersten Moment klingt. Viele, die es hochmotiviert ausprobieren, in ihrem Alltag immer wieder in den gegenwärtigen Moment und raus aus den abschweifenden Gedanken zu gehen, geben nach kurzer Zeit frustriert auf.

Der Grund ist die Tatsache, dass die Gedanken, wenn unser Ego in einer Situation aktiv ist und die Gedanken uns weg vom gegenwärtigen Moment ziehen, ja nur das sind, was sich an der Oberfläche zeigt. Wie wir bereits wissen, stecken hinter den Ego-Gedanken verdrängte Emotionen, die wir teilweise unser Leben lang unter Verschluss hielten. Das heißt, um in Situationen, in denen das Ego aktiv ist, im gegenwärtigen Moment wirklich präsent zu sein, wäre die Voraussetzung, die verdrängten Gefühle, die hinter den Ego-Gedanken lauern, bewusst anzunehmen und durchfließen zu lassen. Im Alltag ist das oft schlichtweg nicht möglich.

Stell dir vor, du trägst noch eine Ablehnungswunde in dir und bist auf der Arbeit in einem Teammeeting mit deinem Chef. Vor versammelter Mannschaft macht er dich rund, weil du einen Fehler begangen hattest. Du merkst sofort, dass sich dein Bauch zusammenzieht und du am liebsten flüchten würdest. Aber du kannst nicht. Du merkst, wie dein Ego sich einschaltet und dich in Gedanken aus dem gegenwärtigen Moment trägt, um dich zu beschützen. Wenn du jetzt versuchtest, deine kompensierenden Gedanken aufzuhalten und ins Hier und Jetzt zurückzukommen, würde dir das wahrscheinlich nur gelingen, wenn du gleichzeitig dein verdrängtes Gefühl der Ablehnung, das sich in deinem Bauch schon bemerkbar gemacht hat, anzunehmen und zu transformieren in der Lage wärest. Und genau das funktioniert im Alltag wohl kaum. Du hast in diesen Momenten nicht den Raum und die Ruhe und überhaupt nicht das soziale Setting, dich mit den Verletzungen auseinanderzusetzen, die sich da bemerkbar machen.

Auch ich habe vor einigen Jahren, als ich mich noch mitten in meinen stürmischen Zeiten befand, ein Buch über das »Im-Hier-und-Jetzt-Bleiben« gelesen. Die Idee, sich permanent selbst zu beobachten und sich bei aufkommenden Gedanken immer wieder selbst zurück in die Gegenwart zu holen, war absolut sinnvoll für mich. Ganz gespannt probierte ich es aus, nur um recht schnell festzustellen, dass es für mich nicht so gut klappte. Gerade weil bei mir damals die Themen nur so hochsprudelten, konnte auch ich im Alltag nicht immer in der Gegenwart bleiben, weil ich sonst wahrscheinlich zehnmal am Tag auf der Arbeit in Tränen ausgebrochen wäre, da auch bei mir hinter den Gedanken tief verdrängte Emotionen lauerten.

Zuerst war ich etwas frustriert, aber ich fand einen Weg für mich, die Übung, in der Gegenwart zu bleiben, doch in mein Leben zu integrieren und dadurch schneller zu wachsen. Im ersten Schritt akzeptierte ich erst einmal, dass es mir nicht immer möglich war, in der Gegenwart zu bleiben, um im zweiten Schritt eine andere Herangehensweise zu proben. Denn obwohl ich noch nicht in der Lage war, immer in der Gegenwart zu bleiben, hatte ich ja dennoch meine Fähigkeit, mich und mein Befinden selbst zu beobachten. Also widmete ich mich wieder meiner »Detektivarbeit« und achtete im Alltag immer darauf, wann mich in meiner Außenwelt etwas antriggerte. Ich wusste, dass die Themen, die mir bewusst wurden, pures Gold auf meinem Weg der Selbstfindung bedeuten würden. Also ging ich wachsam durchs Leben, und immer, wenn ich ein Thema fand, packte ich es bildlich gesprochen in meinen Sack voller Gold, in dem Wissen, dass ich es dann anschauen und transformieren würde, wenn ich wirklich auch die Zeit und den Raum dafür hätte.

Das klappte für mich wunderbar, und die Erfolge wurden schnell spürbar. Immer wenn ich ein Thema fand und es zu einem späteren Zeitpunkt zu Hause in Ruhe transformierte, merkte ich, dass ich dabei künftig in ähnlichen Situationen nun komplett in der Gegenwart bleiben konnte. Ist ja auch logisch, denn mein Ego hatte keinen Grund mehr, mich vor diesem Anteil zu beschützen, da ich ihn integriert hatte. Diese Erfolgserlebnisse gaben mir immer viel Kraft und Mut, meinen »Job als Schatzsucher« weiter auszuüben.

Zusätzlich stellte ich fest, dass es einen nachhaltigeren Effekt auf mich hatte, wenn ich die Im-Hier-und-Jetzt-bleiben-Übung statt im hektischen Alltag am Abend durchführte, wenn es ruhig wurde und sich alles richtig setzen konnte. Ich machte es zu meinem Ritual, mich mit geführten Meditationen Abend für Abend in den achtsamen Zustand des gegenwärtigen Augenblicks zu begeben, bei dem mein Ego Sendepause hatte. Dieses Ritual ließ mein Ego zusätzlich nach und nach schmelzen. Am Tag war ich also Schatzsucher und am Abend machte ich einen auf buddhistischen Mönch. Ich kombinierte sozusagen Transformations- mit Gegenwartsarbeit.

Später, als ich begann, meine Berufung zu leben und Menschen auf dem Weg zu ihrem wahren Ich zu begleiten, band ich meine Erkenntnisse in meine Arbeit mit ein. Und tatsächlich, es stellte sich auch hier heraus, dass es Ihnen half und ihren Übergang zum wahren Ich erheblich beschleunigte, wenn ich ihnen zusätzlich zur Schattenarbeit, die ich mit ihnen durchführte, sozusagen als »Hausaufgabe« die Meditationen, um ins Hier und Jetzt zu kommen, mit auf den Weg gab.

Deswegen freue ich mich, dir mitteilen zu können, dass du im Praxis-Part dieses Buches nicht nur die Themen lösen können wirst, die du gefunden hast. Zusätzlich habe ich für dich eine Übung integriert, die dich in die Gegenwart bringen wird und dein wahres Ich spüren lassen wird, obwohl du noch nicht ganz da bist.

X-Faktoren auf dem Weg

Auf dem Weg zur Erfüllung in *dir* legt man Schicht für Schicht all das ab, was man für lange Zeit zu sein geglaubt hat. Die tiefen Prozesse, die im Zuge dessen ablaufen, sind bekanntlich nicht immer leicht. Ich möchte an dieser Stelle noch einmal auf ein paar bestimmte Punkte eingehen, die Menschen auf dem Weg zu ihrem wahren Ich häufiger mal Probleme bereiten: sogenannte X-Faktoren, also solche, die eine Angelegenheit sehr speziell machen können, ohne dass man auf Anhieb merkt, woran das liegt.

Freundschaften können in die Brüche gehen

Dieser intensive Seelenweg, den anzutreten du nun bereit bist oder in dem du schon mittendrin steckst, lässt unter Umständen keinen Stein auf dem anderen. Es kann Zeiten geben, in denen du dich so schnell veränderst, dass du kurzfristig selbst nicht einmal mehr weißt, wer oder was du eigentlich bist. Vielleicht ziehst du dich auch für eine Weile von der Außenwelt zurück und spürst, dass es wichtig für dich ist, dir die Zeit in deinem eigenen Kokon für deine Entwicklung zu erlauben.

Die Ego-Identität, die du dir dein Leben lang aufgebaut hattest, schmilzt wie nach einem langen Winter, wenn endlich der Frühling kommt, immer mehr dahin, und das schöne Gras darunter wird sichtbar. So wundervoll dieser Prozess auch für dich ist, auf viele deiner Freunde kann deine Veränderung komisch wirken. Oft können sie es nicht einmal wirklich selbst benennen, was genau anders an dir ist, und schweigen deshalb. Manchmal sagen sie mit leicht enttäuscht klingender Stimme: »Irgendwie bist du anders geworden.«

Doch was sind die Dinge, die viele deiner Freund*innen unbewusst wahrnehmen? Zum einem bist du nun an dem Punkt, die volle Verantwortung für deinen Weg und dein Leben zu übernehmen, und erkennst, dass deine ganze Außenwelt dich spiegelt und dir bei deinem Wachstum dienlich ist. Diese Tatsache unterscheidet dich von den meisten Menschen, so auch von manchen deiner Spezis. Während sie früher noch mit dir über ihr beschwerliches Leben reden konnten und ihre Opferrolle bei dir Anklang fand, gibt es heute keine Resonanz mehr dazu in dir. Und das spüren sie. Vielleicht versuchst du ein paarmal, deine neue Sicht auf die Dinge zu teilen: »Hey, versuch doch mal, das Positive in der Situation zu sehen. Du wirst daraus wachsen.« Nur um im nächsten Moment komisch angeschaut zu werden mit den Worten: »Was soll daran bitte positiv sein?« Wie gesagt, nicht bei allen muss es so ablaufen, aber die Erfahrung zeigt, dass auf dem Weg zum wahren Ich so etwas schon häufig passiert.

Zum anderen wirkt sich der Fakt, dass du durch deine Entwicklung immer weniger bedürftig bist, traditionell auf deine

Freundschaften aus. Im Laufe des Prozesses kommst du an den Punkt, im Außen nichts mehr zu brauchen, was du dir selbst nicht geben kannst. Eine Folge dessen ist, dass du die unbewussten »Tauschgeschäfte« in Freundschaften nicht mehr nötig hast. Ich gebe dir Aufmerksamkeit, dafür hörst du mir zu … diese Art von Freundschaftsdynamik wird für dich nicht mehr funktionieren. Deine Intuition wird so gut sein, dass deine Freund*innen dich fünfmal fragen können, ob du mit shoppen gehst, wenn es für dich nicht stimmig ist, wirst du es äußern. Auch dieser Punkt kann dafür sorgen, dass sich deine Freund*innen gekränkt fühlen und sich beschweren oder sogar von dir zurückziehen.

Ein weiterer Punkt ist, dass du auf deinem Weg zum wahren Ich immer mehr beginnen wirst zu strahlen. Dein Licht wird heller strahlen als jemals zuvor und hat eine enorme Kraft. Es hat die Kraft, dass Menschen in deinem Umfeld unbewusst auch an ihr Licht erinnert werden. Aber eben auch an alles, was dem noch im Wege steht. Ähnlich, wie auch Vampire das Licht scheuen, kann es für Freund*innen von dir, die noch recht stark im Ego verhaftet sind, bedrohlich und abstoßend wirken.

Auch wenn es zu Beginn recht bitter und traurig ist zu beobachten, wie Freund*innen, die du teilweise seit deiner Kindheit kennst, plötzlich nicht mehr mit dir klarkommen oder sich sogar zurückziehen, bitte verstehe, dass es ein normaler Vorgang ist. Du bist auf einer anderen Bewusstseinsebene angekommen, und die »Wellenlänge« ist nicht mehr dieselbe. Und damit meine ich nicht, dass du besser oder weiter bist als sie, sondern einfach nur in einem anderen Bewusstseinszustand.

Steh zu dir und deinem neuen Ich, und schraube dein Licht nicht mehr für andere herunter. Obwohl du ein gutes Herz hast und niemanden gern zurücklässt, ist es für dein eigenes Seelenwohl wichtig, dass du Menschen um dich hast, die mit dir »mitschwingen«. Anderenfalls wirst du viel Energie verlieren, und dein Licht kann nicht strahlen. Der goldene Weg ist, mutig zu deinem neuen Ich zu stehen und darauf zu vertrauen, dass die Menschen, die zu dir passen, sich inspiriert und angezogen von deiner Ausstrahlung fühlen werden. Bei einigen deiner Freunde wird das wahrscheinlich sogar der Fall sein, und wenn nicht, sei unbesorgt. Denn die Erfahrung zeigt, dass du rasch neue Menschen in dein Leben ziehen wirst, mit denen du recht schnell eine tiefe Freundschaft aufbauen kannst.

Verführungen

Das arme Ego kann einem schon manchmal leidtun. Da hat es dir dein Leben lang gedient, und jetzt kommst du daher und löst es, Schritt für Schritt, auf. Langsam hat es ausgedient, und durch die Tatsache, dass es so lange ein Eigenleben führte und eine riesengroße Identität aufgebaut hat, missfällt ihm der Gedanke zu »sterben« doch sehr. Dein Ego ist gewiefter, als du denkst. Es hat oft immer noch ein Ass im Ärmel, um dich zu überzeugen, seinen Weg zu gehen. Du kannst es dir tatsächlich wie Engelchen und Teufelchen vorstellen, die auf deiner Schulter sitzen. Das Teufelchen (Ego) ist, scheint's, immer einen Schritt schneller und ein paar Dezibel lauter als das Engelchen (Seele).

Angenommen, du gerätst unerwartet in einen heftigen Streit mit deinem Partner. Die Diskussion wird immer hitziger, und das Teufelchen beginnt dir zuzuflüstern: »Lass uns abhauen, das wird uns noch richtig wehtun, und vielleicht werden wir wieder verlassen, wie wir es in der Vergangenheit so oft wurden.« Die Verführung ist natürlich groß, sich der Situation zu entziehen und den leichten Weg zu gehen, weg vom Schmerz. Doch ist das wirklich die Lösung? Was würde das Engelchen dazu sagen, wenn es Gehör bekäme? Es würde dir eher vorschlagen, mutig im Feuer des Konfliktes stehen zu bleiben, um nach der Klärung wahrscheinlich sogar eine tiefere Verbindung zu deinem Partner zu erleben.

Oder lass uns davon ausgehen, dass du die letzten Schritte unternehmen möchtest, um dich endlich selbstständig zu machen. So lange hast du dich bereits vorbereitet und sitzt nun vor dem Papierkram für die finalen Steps. Dein Teufelchen flüstert dir: »Puh, bist du dir da sicher? Wir haben doch noch nie so etwas gemacht, was ist, wenn wir scheitern? Lass uns lieber zur Party heute Abend gehen, das Ganze hat doch noch Zeit.« Auch hier ist die Verführung groß, dem Ego zu folgen, um in der Komfortzone zu bleiben.

Mit Lichtgeschwindigkeit schlägt uns das Ego also gern immer wieder Verführungen vor, die uns im ersten Moment als so logisch erscheinen, dass es teilweise äußerst schwierig ist zu durchschauen, was da tatsächlich vonstattengeht. In solchen Momenten ist es sehr wertvoll, nicht sofort dem ersten Impuls nachzugeben. Wenn du in einer derartigen Situation bist, warte ab sofort die erste Welle ab. Atme ein paarmal durch, und frag dich dann: »Welcher Teil in mir schlägt mir vor, so zu handeln? Wie könnte eine andere Reaktion aussehen, wenn ich es zulassen würde?« Wenn du diesen Zwischenschritt einbaust, so wirst du mehr und mehr auch die Stimme des Engelchens auf deiner Schulter hören, das dir den Weg deines wahren Ichs weisen wird. Und als richtiger Profi wirst du zusätzlich lernen, die Verführung deines Teufelchens im Nachgang zu reflektieren. »Warum wollte ich vorm Streit mit meinem Partner flüchten? Ah, es war meine Angst, verlassen zu werden.« Um sie im nächsten Schritt zu transformieren.

Bist du bereit zu empfangen?

Einer der kritischsten Punkte, die auf dem Weg zum wahren Ich gern einmal übersehen werden, ist die innere Erlaubnis, Geschenke des Lebens zu empfangen. So sitzen die Glaubenssätze, die wir von den Eltern oder der Gesellschaft mitbekommen haben, doch oft so tief. Statements wie »Das musst du dir hart erarbeiten« oder »Im Leben bekommst du nichts geschenkt« stecken teilweise so verborgen in unserem Unterbewusstsein fest, dass sie nur schwer zu entlarven sind. Doch in Wahrheit geht es auch anders.

Doch lass uns erst einmal den feinen Unterschied zwischen Abhängigkeit und Geschenken des Lebens klären. Abhängigkeiten entstehen, wenn noch ein innerer Mangel in dir herrscht, woraufhin dein Ego dich Dinge tun lässt, die nicht deinem wahren Ich entspringen. Angenommen, es wäre zum Beispiel noch ein Schattenthema von dir, sodass du dir tief innen noch nicht zutraust, es alleine im Leben zu schaffen. Wenn du dann in einer Beziehung von deinem wohlhabenden Partner permanent Geld annimmst, gerätst du in eine innere Abhängigkeit. Aufgrund deiner Ängste wirst du deinem Partner weniger deine Grenzen zeigen, und ein ungutes Gefühl würde sich breitmachen.

Anders verhält es sich jedoch, wenn du dieses Thema gemeistert und gelernt hast, dem Fluss des Lebens zu vertrauen. Du könntest dann das Vermögen deines Partners, das er aus

Liebe gern mit dir teilt, in vollen Zügen genießen und es als Geschenk des Lebens annehmen. Du würdest zudem darauf vertrauen, dass, wenn es zu einer Trennung käme und diese Quelle versiegen sollte, das Leben für dich sorgt und sich neue Türen öffnen werden.

Geschenke des Lebens darf man annehmen. Macht sich zum Beispiel eine frischgebackene Mutter oder ein Vater wirklich abhängig, wenn dadurch, dass ihr/seine Partner*in gut verdient, er/sie die Chance hat, in Ruhe das gemeinsame Kind aufzuziehen und mit dem Geld des/der Partner*in zu leben, statt sofort wieder arbeiten zu gehen? Oder ist es ein Geschenk des Lebens? Sind wir wirklich abhängig von einer Freundin, die uns in der Not aufnimmt, oder ist es ein Geschenk des Lebens?

Wenn wir uns nicht erlauben, die Geschenke des Lebens zu empfangen, schneiden wir uns von einem wesentlichen Teil unseres wahren Ichs ab.

Okay, ich gebe zu, dieses »Empfangen-Ding« war auch lange Zeit ein großes Problem für mich. Doch als ich es meisterte, war es, als hätte ich dem Universum endlich die Erlaubnis erteilt, seine Schleusen für Wunder zu öffnen.

So kam es auch dazu, dass ich meine neue Wohnung fand. Vor einigen Jahren hatte ich den Drang, mich räumlich verändern zu wollen. Irgendwie beschlich mich das Gefühl, dass ich dort, wo ich bis zuletzt lebte, nicht mehr am richtigen Platz war. Eines Morgens brannte sich die Idee in meinen Kopf: »Wenn ich doch schon hier am Bodensee wohne, warum kann ich nicht direkt am Wasser leben?« Meine Freunde lachten mich direkt aus, als ich ihnen von der Idee erzählte, denn der Wohnungsmarkt am Bodensee sei sehr speziell, und direkt am

Wasser sei alles verkauft oder vermietet. Keine Chance. Doch ich gab nicht auf, entwickelte einmal mehr die Bereitschaft in mir, zu empfangen und ließ es dann los. Zwei Wochen später saß ich an meinem Laptop und durchforstete ganz unbedarft eine Website mit aktuellen Wohnungsanzeigen, als ich meinen Augen kaum traute. Kurz zuvor hatte jemand meine absolute Traumwohnung, die direkt am Wasser liegt, online gestellt. Und der Rest ist Geschichte, ich war bereit zu empfangen, und das Leben beschenkte mich.

Und so ähnlich wird es auch für dich funktionieren. Wenn du dich mehr und mehr mit deinem wahren Ich verbindest, wirst du so im Frieden mit dir sein, dass Materielles keinen so großen Stellenwert mehr in deinem Leben haben wird. Wie gesagt: Es kann dir nichts zu dem hinzufügen, was du nicht schon in dir hast. Und genau das ist der Punkt, an dem nur noch mehr Geschenke des Lebens zu dir fließen können, wenn du es erlaubst.

Nimm dir Zeit, und überprüfe, welche innere Hürden bei dir noch verhindern, dass du bereit bist zu empfangen. Mit der Technik im Praxisteil des Buches wirst du sie mit Leichtigkeit transformieren können.

Immer mit der Ruhe

Bei diesem X-Faktor muss ich mir als Allerérstes selbst an die Nase fassen. Geduldig zu sein und Vertrauen in den natürlichen Prozess des Weges zu haben war, milde ausgedrückt, für lange Zeit kein Steckenpferd von mir. Ich wollte immer am liebsten schon gestern dort gewesen sein, wohin mich meine Seele rief. Vor allem als ich mir damals bewusst wurde, wie viele Themen noch in mir schlummerten und überwunden werden wollten, sah ich einen riesengroßen Berg vor mir, den ich so schnell wie möglich erklimmen wollte.

Klar, es war schon mal gut, dass es keine Ohnmacht in mir auslöste zu sehen, wo ich stand. Ich war motiviert, und mein Kampfgeist war geweckt. So sehr, dass ich mich Tag und Nacht meiner Schattenarbeit widmete und komplett das Leben im Hier und Jetzt vergaß. Es erschien mir unnötig, am Leben in der Gegenwart teilzunehmen, weil ich ja ganz schnell woanders hinwollte. Doch ich musste bald feststellen, dass es so nicht funktionierte. Zum damaligen Zeitpunkt konnte ich unbewusst nicht akzeptieren, dass ich eben noch da stand, wo ich stand. Diese Einstellung sorgte dafür, dass ich nicht mehr in der Gegenwart verwurzelt war. Aber ohne Wurzeln keine Flügel. Und so stagnierte ich eine ganze Weile auf meinem Weg.

Erst als ich begriff, dass es wichtig ist, seinen aktuellen Zustand zu akzeptieren und, obwohl man selbst noch ein »Wachstumsprojekt« ist, am Leben teilzunehmen, ging es wieder vorwärts. Ich lernte, die richtige Balance zu wahren. Ich reservierte mir bestimmte Zeiten am Tag, die ich meiner Persönlichkeitsentwicklung und Schattenarbeit widmete, um für den Rest des Tages einfach nur mein Leben zu führen.

Heute muss ich immer leicht schmunzeln, wenn ich Klienten betreue, die vor lauter Ungeduld und Enthusiasmus Tag und Nacht die Werkzeuge anwenden, die ich ihnen zeige. Ich erkenne mich in ihnen wieder und kann ihnen dann zum Glück helfen, nicht den gleichen Fehler wie ich damals zu begehen.

Wenn du aus diesem Buch Motivation gezogen hast und nun bereit bist, dich mutig deinen Schatten zu stellen, dann freue ich mich unheimlich für dich. Mit der Technik im letzten Kapitel des Buches wirst du auch gleich in die Umsetzung kommen können. Und die Chance, dass du »Blut leckst«, weil du schnelle Erfolge erzielst, ist auch sehr hoch. Doch bitte übertreib es nicht. Nimm dir am Tag durchschnittlich eine bis höchstens zwei Stunden Zeit, um dich deiner inneren Arbeit zu widmen. Die Fortschritte, die du erleben wirst, brauchen eine gewisse Zeit, um integriert zu werden – ähnlich wie ein Hefeteig, der eine Weile ruhen muss, um aufzugehen.

Natürlich ist es super, wenn du dich in deinem Alltag immer wieder selbst beobachtest und dir so über deine Lebensthemen und Blockaden bewusst wirst, aber die Transformationsarbeit selbst sollte in der für dich richtigen Dosis passieren. Du bist wie ein Detektiv, der tagsüber immer wieder Informationen sammelt, um am Abend gezielt den Fall zu lösen.

Der Hüter der Schwelle

Dieser äußerst mysteriös klingende Begriff beschreibt die letzten Tage des Egos und seinen Kampf ums Überleben. Es ist ähnlich wie in einem Superhelden-Film, wenn der Held auf seinen Endgegner trifft. Der Held hat im Laufe des Films schon eine großartige und gleichzeitig auch anstrengende Reise hinter sich gebracht. Er ist sehr gewachsen, aber immer noch leicht geschwächt von den ganzen Abenteuern, als er seine letzte große Prüfung antritt. Ein sehr treffender Vergleich, denn auch unser Ego gibt nicht immer sofort auf.

Es ist schon echt abgefahren, wenn man sich vor Augen führt, wie das Zusammenspiel von Licht und Schatten funktioniert. Wir setzen ein Ego, das eigentlich nur daraus besteht, dass wir irgendwann entschieden haben, unsere Wahrheit zu verdrängen, auf den Thron und lassen es über unser Leben bestimmen. Es ist, als würden wir ein Computerspiel spielen und so vertieft darin sein, dass wir vergessen, dass es nur eine Simulation ist. Noch verrückter ist der Gedanke, dass so gesehen die überwiegende Mehrheit der Menschen ein Computerspiel spielt und glaubt, sie wären das Spiel. Doch du hast nun kein Bock mehr darauf. Du hast erkannt, dass du nicht das Spiel bist, dass du sowieso niemals gewinnen könntest. Du bist nun bereit, dein Ego als das zu entlarven, was es wirklich ist: eine große Illusion! Wenn man das Ego in das Licht stellt, das es scheut, löst es sich wie gesagt auf. Und das ist natürlich das Letzte, was es will.

Der Hüter der Schwelle ist nun die letzte Hürde, die das Ego auffährt, bevor es ihm an den Kragen geht. Brachial ausgedrückt könnte man sagen, dass die Schlange auftaucht, damit man ihr den Kopf abschlagen kann. Die Nacht ist am dunkelsten, bevor der Tag beginnt.

Ich möchte dir an dieser Stelle auf keinen Fall Angst einjagen, sondern dich nur darauf vorbereiten, dass es eventuell dazu kommen kann, dass sich dein Ego, kurz bevor du in dein wahres Ich übertrittst, noch einmal so richtig aufbäumen könnte. Es muss jedoch nicht so sein. Jeder Weg ist verschieden. Aber dein Wissen darüber, dass es dir widerfahren könnte, wird dir helfen, einfach weiterzugehen. Denn letztlich sind es nur noch einmal Nebelkerzen, die dich blenden sollen: ein großer Bluff – wie ein großer aufgeblasener Luftballon, der sofort zerplatzt, wenn man ihn mit einer Nadel piekst.

Zu diesem Punkt wird dir das Konzept der Heldenreise, das ich im Folgenden erläutern werde, noch einmal helfen. Denn der Grund, warum wir Helden in Filmen so anziehend finden, ist, dass sie an einen Weg erinnern, der unserer Seele innewohnt, den zu gehen jedoch immer noch die wenigsten bereit sind.

Die Heldenreise

Bevor wir nun langsam, aber sicher zur Umsetzung dessen gehen, was du in den vorherigen Kapiteln erfahren hast, möchte ich gern noch einen wichtigen Prozess mit dir teilen, der dir ein tieferes Verständnis über deinen Weg geben wird und auch eine ordentliche Portion Motivation. Denn obwohl du mit dem Bewusstsein, das in diesem Buch vermittelt werden sollte, und mit der Technik, die ich noch beschreiben werde, schnelle Fortschritte erzielen wirst, kann der Weg zum wahren Ich wahrhaft stürmisch sein. Das Leben und unsere Seele prüfen und schmieden uns, und ab und zu braucht es turbulente Zeiten, damit wir reifen und wachsen können. Denn wie einer meiner Lieblingssprüche doch sagt: »Ein Diamant entsteht unter starkem Druck über lange Zeit.« Und wenn du schon mal Stürme der Seele durchgemacht hast oder gerade in einem bist, weißt du genau, wie intensiv es sein kann. Mittendrin weiß man tatsächlich manchmal nicht, wie man es überstehen soll, und sucht verzweifelt nach dem Ausgang. Das Konzept der Heldenreise wird dir nicht nur Mut machen, es wird dich besser verstehen lassen, dass Verzweiflung und Angst ein natürlicher und wichtiger Teil des Weges sind.

Wenn du den Weg zur Erfüllung in dir gehst, bist du ein wahrer Held. Das Verrückte dabei ist, dass viele Menschen in deinem Umfeld nicht einmal verstehen, was du da eigentlich

Spektakuläres leistest. Manche werden sich vielleicht auch wundern und sich denken, dass mit dir etwas nicht stimmt. In der Tat, Menschen, die den Weg zu ihrem wahren Ich gehen, sind Helden, die meist im Verborgenen operieren. Wie eine Blume, die zuerst lange Zeit in der Erde Wurzeln ausbildet, bevor sie sichtbar in ihrer Pracht erscheint, wirst auch du am Ende für alle Welt sichtbar strahlen. Sie werden dich und dein Charisma bewundern, ohne die leiseste Ahnung zu haben, was du alles gemeistert hast, um an diesen Punkt zu kommen.

By the way, auch mir hat das Konzept der Heldenreise in meinen stürmischsten Zeiten immer wieder unglaublich viel Zuversicht gegeben. Seit einigen Jahres fließt dieses Modell auch immer wieder in meine Arbeit mit ein und hilft meinen Klienten und Seminarteilnehmern enorm auf ihrem Weg.

Was ist mit der Heldenreise gemeint?

Das Konzept der Heldenreise stammt aus der antiken Mythologie und wurde im 20. Jahrhundert von dem amerikanischen Professor und Publizisten Joseph Campbell aufgegriffen. Sein Buch *Der Heros in tausend Gestalten* gilt als Standardwerk der Mythenforschung. Die Heldenreise beschreibt die verschiedenen Phasen eines Helden, der auf seinem Abenteuer bestimmte Stationen durchläuft und Hürden nimmt, um schließlich sein Ziel zu erreichen. Heutzutage bedienen sich auch sehr viele Hollywood-Filme dieses Modells, und der Grund für den Erfolg dieser Filme ist recht simpel. Das Prinzip der Heldenreise ist insgeheim in uns allen angelegt und ein natürlicher Prozess, den wir mehr oder weniger spektakulär in unserem Leben durchlaufen, wenn wir wachsen oder die nächste Stufe in unserer Entwicklung erreichen wollen. Viele Menschen drücken sich jedoch unbewusst aus Angst vor ihren persönlichen Heldenreisen im Leben. Sie bleiben lieber in ihrer Komfortzone und holen sich in Heldenreisen-Filmen zwar gute Unterhaltung, ohne aber die Brücke zu ihrem eigenen Leben zu schlagen.

Lass mich dir nun die einzelnen Stufen einer Heldenreise zeigen und sie dir anhand eines Beispiels aus der Filmwelt greifbar machen. Danach werde ich erläutern, was die Heldenreise mit deinem Weg zu tun hat. Hier erst einmal eine Übersicht über die typischen Stationen einer Heldenreise:

1. Der Ruf
2. Die Verweigerung
3. Der Aufbruch
4. Prüfungen
5. Mentor/Übernatürliche Hilfe
6. Weitere Prüfungen
7. Größte Prüfung
8. Elixier
9. Die Rückkehr

Es gibt sehr viele bekannte Filme, die sich des Konzepts der Heldenreise bedienen wie zum Beispiel »Der Herr der Ringe«, »Matrix«, »Star Wars« und »Spiderman«. Da es ein sehr bekannter Film ist, den viele gesehen habe, möchte ich die Heldenreise anhand des Films »König der Löwen« anschaulich machen:

1. **Der Ruf:** Am Anfang des Films wächst der Löwe Simba als Thronfolger seines Vaters in seiner gewohnten idyllischen Welt auf. Alles ist wunderbar, doch Simba ist sehr abenteuerlustig und fragt sich, was die Welt wohl noch zu bieten hat. Als sein Onkel Scar – der ihm nach dem Leben trachtet, um dereinst selbst König zu werden – ihm vom Elefantenfriedhof erzählt, wird er hellhörig, und seine Neugierde, Neues im Leben zu entdecken, ist geweckt. Er spürt den *Ruf zum Abenteuer*.
2. **Die Verweigerung:** Obwohl es einen Teil von ihm dürstet, das Unbekannte zu erforschen, hat ein anderer Teil in ihm auch Angst. Hinzu kommt, dass sein Vater Mufasa ihm verbietet, das »Geweihte Land« zu verlassen, sodass er vorerst in seinem gewohnten Leben bleibt.
3. **Der Aufbruch:** Den jungen Löwen Simba trifft ein schwerer Schicksalsschlag, als sein Vater infolge einer Intrige Scars stirbt. Erschwerend kommt hinzu, dass er auch noch glaubt, die Schuld dafür zu tragen. Manipuliert von seinem Onkel Scar, der ihm einredet, es sei besser, wenn er die Heimat verlässt und dem tiefen Schmerz, flüchtet er. Sein Leid ist so groß, dass es die Angst vor dem Elefantenfriedhof überwiegt und er zum Abenteuer aufbricht.
4. **Prüfungen:** Mutig begibt er sich auf den gefährlichen, dunklen und unbekannten Weg, den Elefantenfriedhof zu überqueren. Es ist seine erste große Zerreißprobe, die er mit einem Quäntchen Glück besteht, wonach er sich allein im Dschungel wiederfindet.
5. **Mentor/Übernatürliche Hilfe:** Zuerst etwas verloren und ängstlich, wird Simbas Mut belohnt, indem er auf den Mandrill und Schamanen Rafiki trifft. Er hilft ihm,

sich mit der neuen Situation anzufreunden, und lehrt ihn Weisheiten über das Leben.

6. **Weitere Prüfungen:** Nach einer schönen Zeit im Exil ist Simba langsam erwachsen geworden und hat viel übers Leben gelernt. In einer Schlüsselszene erscheint ihm sein toter Vater, und trotz großer Angst und Schuldgefühle stellt er sich der Situation und findet seinen Frieden und neue Kraft.
7. **Größte Prüfung:** Simba ist immer noch im Exil, fern von seiner Heimat, als er begreift, dass sein Onkel Scar seinen Vater ermordet hat, mittlerweile König ist und das Volk schlecht behandelt. Simba, der nun selbst ein starker, ausgewachsener Löwe geworden ist, sieht es als seine Pflicht, Scar zu stürzen. Er nimmt all seinen Mut zusammen, kehrt zurück in seine Heimat und konfrontiert seinen Onkel. Beim darauffolgenden Kampf erlebt er die größte Prüfung seines Lebens. Es geht um Leben und Tod. All die Lektionen und Schritte, die er bisher gegangen war und aus denen er Stärke gezogen hat, kommen ihm zugute, sodass er mit letzter Kraft siegt.
8. **Elixier:** Simbas langes Abenteuer findet mit dem Endkampf sein Finale. Die Erfahrungen haben ihn wachsen lassen und auf das vorbereitet, was nun auf ihn wartet. Sein »Elixier«, das er auf seiner Reise gewonnen hat, ist seine Bereitschaft, nun König zu sein und die Verantwortung für sein Volk zu übernehmen.
9. **Die Rückkehr:** Das Volk jubelt, dass Simba es von der Schreckensherrschaft des Onkels befreit hat, und alle sind ganz überrascht, was aus ihm geworden ist. Simba kehrt »offiziell« zurück und nimmt seinen rechtmäßigen Platz als König der Löwen ein.

Typische Heldenreisen in unserem Leben

Jetzt ziehen wir die Parallele zu unserem Leben. Wenn wir den *Ruf* spüren, neue Weg zu gehen, ist es eine natürliche erste Reaktion, dass wir ihn zuerst *verweigern*. Meistens ist es im Alltag doch noch zu komfortabel, und der neue Weg scheint zu schwierig zu sein und das Ziel unerreichbar. Ängste und negative Glaubenssätze wie »Das schaff ich sowieso nicht« halten uns zurück. Meistens verbringen wir dann noch eine ganze Weile, bis uns, wenn wir soweit sind, das Leben schubst. Vielleicht wird das alte Leben immer unbequemer, oder irgendein anderer Mensch inspiriert uns. Irgendwas passiert jedenfalls, sodass das Alte uns fahl erscheint, wir die erste Schwelle überschreiten und zu neuen Ufern *aufbrechen*.

Obwohl uns noch etwas mulmig ist und es sich ungewohnt anfühlt, beginnen wir, uns an die ersten Schritte zu gewöhnen, während bereits die ersten *Prüfungen* lauern. Irgendetwas läuft nicht wie geplant, oder es tauchen erneut Ängste auf. Das Leben stellt uns ganz bewusst auf die Probe. Nicht, weil es »gemein« wäre, sondern weil es weiß, dass wir Stärke daraus gewinnen, wenn wir uns durch etwas durchmanövrieren. Außerdem kommen durch die Prüfungen versteckte Lebensthemen und Schattenseiten ans Tageslicht, wie Ängste und negative Glaubenssätze, damit wir sie überwinden können. Dies ist eine Grundvoraussetzung, damit wir unsere Heldenreise zu Ende gehen können.

Nach den ersten Prüfungen begegnen wir oft einem *Mentor* oder erfahren irgendeine Art *übernatürliche Hilfe*. Ein Mentor kann ein Lehrer sein oder ein guter Freund, der uns hilft, weitere Schritte vorwärtszugehen. Übernatürliche Hilfe kann sich zum Beispiel in Form eines unerwarteten Geldsegens zeigen.

Gestärkt gehen wir voran auf unserem neuen Weg, bis *weitere Prüfungen* gemeistert werden wollen. Unsere Reise erreicht ihren kritischsten Punkt, wenn wir unsere *größte Prüfung* erleben, unseren ganz persönlichen Endgegner. Oft geraten wir hier in Situationen, die sich so zuspitzen, dass wir teilweise überhaupt keine Ahnung haben, wie wir sie meistern sollen. Zeitweise kann es sich fast so anfühlen, als würden wir dem Tod ins Auge sehen. Die große Prüfung verlangt uns einiges ab. Ein letztes Mal testet uns das Leben. Wenn es sieht, dass wir uns mutig stellen, so schickt es uns auch hier häufig übernatürliche Hilfe auf den letzten Metern.

Geschafft! Total erleichtert, aber auch höllisch erschöpft, können wir endlich aufatmen. Obwohl uns die Reise manchmal an den Rand des Erträglichen geführt hat, sind wir auf dem Weg derartig gewachsen, dass wir nun unser ganz persönliches *Elixier* daraus mitnehmen können. Entweder ist dies eine Fähigkeit, die wir erlangt haben, wie zum Beispiel sich auf eine Beziehung einzulassen, oder etwas, was wir im Außen erreicht haben, wie zum Beispiel ein bestandenes Studium. Und so feiern wir, als veränderter Mensch, unsere *Rückkehr* in die Welt.

Hier noch ein Beispiel aus dem wahren Leben von einem Klienten.

Ferdinands Heldenreise

Ferdinand wuchs ohne Vater in einem idyllischen Dorf bei München auf. Er war schon immer ein sehr feinfühliger Mensch und hatte ein großes Herz. Deswegen war es auch noch nie sein Wunsch, eine steile Karriere hinzulegen oder richtig viel Geld zu verdienen. Für ihn war es wichtig, eine Tätigkeit auszuüben, in der er einen tiefen Sinn fühlt, und andere Menschen in irgendeiner Weise zu berühren oder ihnen zu helfen.

Definitiv war Ferdinand von der geistigen Reife her seinem Alter weit voraus. So weit, dass er in seiner Jugend nie so wirklich einen gemeinsamen Nenner mit Gleichaltrigen fand. Einerseits machte ihn das immer wieder sehr traurig, doch zum Glück hatte er eine Sache in seinem Leben, in der er sich zu Hause fühlte. Seine große Leidenschaft war die Musik. Mit der Gitarre in der Hand hatte er das Gefühl, seinen Platz im Leben gefunden zu haben. Jede freie Minute verbrachte er damit zu spielen, was sich schnell auszahlte. Er wurde so gut, dass er mit Mitte zwanzig Mitglied einer Band wurde, die in ganz Deutschland auf Tour ging. Voller Tatendrang tauchte er in seinen neuen Lebensabschnitt ein und genoss das Musikerleben in vollen Zügen. Auch in der Liebe hatte er Glück. In seinem Heimatort traf er auf die hübsche Heidi, mit der er schnell zusammenkam. Er machte sich damals zwar noch nicht so viel aus Nähe und Zweisamkeit, aber er hatte mit Heidi jemanden gefunden, die immer da war und sein Leben, das überwiegend aus Reisen bestand, akzeptierte.

Und so vergingen die Jahre. Ferdinand war mittlerweile in seinen Dreißigern angekommen und hatte sich mit Heidi verlobt. Tiefe Liebesgefühle spürte er zwar nicht, jedoch schien es für ihn einfach der logische nächste Schritt zu sein, zu heiraten. Auch bei seiner Musikkarriere hatte sich etwas verändert. In seinen Zwanzigern genoss er das Jetset-Leben noch in vollen Zügen, und er hätte sich nichts Schöneres vorstellen können, als Musik zu machen. Doch nach all den Jahren auf Tour hatte das Ganze etwas an Faszination verloren. Plötzlich freute er sich nicht mehr auf die nächste Tournee, sondern blätterte immer öfter im Kalender, um zu sehen, wann er endlich mal wieder eine längere Pause hatte. Irgendetwas hatte sich verändert.

»Mach ich wirklich das Richtige? Ist es das, wofür ich hier auf dieser Welt bin?«, ploppten die Gedanken immer mal wieder in ihm auf. Was er schon spürte, war, dass er im Laufe der Jahre ein sehr großes Interesse an Psychologie und alternativen Behandlungsmethoden entwickelt hatte. Die Vorstellung, Menschen auf ihrem Weg der Selbstfindung zu helfen, war etwas Verlockendes für ihn, aber wie sollte er das umsetzen? Er kannte doch bisher nur die Musik, und in seinen Augen war das alles, was er konnte.

Auch wenn er *den Ruf*, etwas zu verändern, immer deutlicher spürte, schien es ihm unmöglich, dem zu folgen. Sein ganzes Leben baute schließlich auf seiner Musikkarriere auf; und obwohl es sich immer leerer anfühlte, von Ort zu Ort zu touren, sah er zunächst keinen Ausweg. Also verwarf er jedes Mal die Gedanken, seinem Interesse an Psychologie zu folgen, ganz schnell wieder und *verweigerte* seinen Ruf.

Doch dann passierte etwas, was Ferdinands Leben für immer verändern sollte und die ganze Welt zum Stillstand zu bringen drohte. Es war im Frühjahr 2020, als er das erste Mal im Fernsehen etwas von dem neuartigen Coronavirus mitbekam.

»Ach, bestimmt wieder nur so ein Hype. Das verfliegt sicher wieder so schnell, wie es kam«, dachte er zunächst. Er bereitete sich für die nächste Tour vor, als ihn sein Manager anrief und ihm die Hiobsbotschaft überbrachte: Alle Konzerte wurden bis auf Weiteres abgesagt! Er glaubte nicht richtig zu hören, aber langsam begriff er, dass auch ihn die Coronakrise betraf. Zuerst versuchte er, das Beste daraus zu machen, und zog sich wie gewöhnlich in seinen Keller zurück, um Gitarre zu spielen. Aber irgendetwas war anders. Es gab ihm plötzlich nicht mehr die Erfüllung, wie es sonst gewesen war. Und immer wenn er spielte, musste er an seinen Traum denken, Menschen auf ihrem Lebensweg zu begleiten.

Nach einigen Wochen zu Hause sickerte es langsam in ihm ein, dass er aufgrund der Zwangspause von seinen Auftritten viel mehr Zeit zur Verfügung hatte als üblich. Wo er sonst im Stress des Alltags immer nur zwischen Tür und Angel häppchenweise etwas über Psychologie und alternative Behandlungsmethoden gelesen hatte, nahm er sich nun endlich den Raum, sich ganz in Ruhe mit dem Thema zu beschäftigen. Er kam in *Aufbruch*stimmung. Er bestellte sich jede Menge Bücher und errichtete sich fast schon eine ganze Bibliothek in seinem Wohnzimmer. Er begann diese Zeit der Ruhe richtig zu genießen und war froh, sich nun mit dem Thema beschäftigen zu können, das ihm schon so lange im Kopf herumschwirrte.

Doch je mehr er sich mit der Materie auseinandersetzte, desto größer wurden auch die *Zweifel* in ihm. Tief in ihm war er sich mittlerweile sicher, dass die Musik nicht mehr das war, was er in Zukunft gern beruflich machen wollte. Aber der Gedanke, sich tatsächlich beruflich in Richtung Psychologie zu bewegen, statt nur darüber zu lesen, machte ihm höllisch Angst. »Wer bin ich schon, um anderen Menschen auf ihrem Weg zu helfen?«, schoss es ihm immer wieder durch den Kopf. Nach einiger Zeit, konnte er sich nicht mehr so unbedarft wie zu Beginn an seine Bücher setzen, weil permanent Zweifel in ihm hochkamen. Es wurde schwer in ihm. Was ihn zusätzlich belastete, war das Zusammenleben mit seiner Verlobten. Früher hatte die Beziehung für ihn reibungslos funktioniert, da er fast immer unterwegs war. Doch nun waren sie die meiste Zeit des Tages zusammen. Er musste schmerzhaft feststellen, dass sie sich irgendwie auseinandergelebt hatten; und wenn er ganz ehrlich zu sich war, dann musste er sich eingestehen, dass er sie gar nicht mehr liebte. So hatte er mit seiner Beziehung und seiner beruflichen Zukunft plötzlich zwei Riesenbaustellen. Es kam ihm vor wie eine *Prüfung*, die er nicht bestehen zu können glaubte.

Es war an einem Dienstagmorgen, als mein Telefon klingelte und Ferdinand am Ende der Leitung sprach. Er hatte meine Website entdeckt und war interessiert an meiner Hilfe und einem *Mentor*. Obwohl er sich souverän zu geben versuchte, konnte ich die Verzweiflung in seiner Stimme hören. Er schilderte mir kurz seine Situation, bevor wir einen Termin für eine Coaching-Session ansetzten.

In der Sitzung angekommen, widmeten wir uns zunächst seinem Beziehungsthema. Ich half ihm, nach innen zu blicken; und als es um Heidi ging, kamen enorm viele Schuldgefühle hoch, dass er sie nicht mehr liebte und sie dennoch verlobt waren. Rasch waren wir in der Lage, dies zu transformieren, sodass er sich selbst dafür vergeben konnte.

Als Nächstes widmeten wir uns seinem beruflichen Thema. Sofort wurde er emotional, und die Gefühle sprudelten nur so aus ihm heraus. Trauer, dass sein Musikerdasein ihm keinen Spaß mehr mache. Angst vor dem Neuen, Unbekannten. Angst zu scheitern, wenn er einen neuen Weg gehe. Locker zwanzig Minuten waren wir beschäftigt, bis er auch mit diesem Thema in Frieden zu sein schien. In der Sitzung war er zuversichtlich, eine Entscheidung treffen zu können. Er nahm sich vor, sich mutig von Heidi zu trennen und seiner Berufung zu folgen.

Doch so klar er auch war, die Umsetzung war noch mal ein ganz anderes Kaliber für ihn. Es sollte eine *weitere Prüfung* für ihn werden.

Zu Hause angekommen, konnte er seiner Verlobten kaum in die Augen sehen, weil er tief in sich spürte, dass es an der Zeit war, die Wahrheit auszusprechen. Er machte noch einen letzten Spaziergang und dachte über alles nach. Wieder zurück, nahm er all seinen Mut zusammen und teilte Heidi unter Tränen mit, dass er sich von ihr trennen wolle. Der Schock saß natürlich tief bei ihr. Durch die erfolgreiche Session zuvor konnte er jedoch recht ruhig bleiben, und auch Heidi akzeptierte seine Entscheidung recht schnell. Die erste Hürde war genommen.

Befreit durch die Aussprache der Trennung, wollte er sein Momentum gleich nutzen, um auch die berufliche Sache in Angriff zu nehmen. Im ersten Schritt teilte er seinem Manager mit, dass er selbst nach Corona kein Mitglied der Band mehr sein würde. Im ersten Moment kam ihm eine Welle des Unverständnisses und Spotts entgegen, womit er jedoch gut umgehen konnte, da er sich mittlerweile ganz sicher war, dass es der richtige Weg für ihn war.

Geschafft. Ferdinand ließ alles los, was nicht mehr zu ihm passte, und war nun bereit, seinen neuen Lebensabschnitt zu beginnen. Er kam auf den Geschmack, schnell zu handeln, sodass er sich bereits am nächsten Tag für eine Ausbildung zu einer Behandlungstechnik anmeldete, die ich ihm vorgeschlagen hatte. Die darauffolgenden Monate ging es Ferdinand so gut wie schon lange nicht mehr. Voller Begeisterung saugte er alles Wissen auf, das er in der Ausbildung vermittelt bekam. Auch mit den anderen Teilnehmern verstand er sich blendend, und sie bildeten ab und zu eine private Runde, in der sie in Videokonferenzen ein lockeres Pläuschchen hielten. Und so kam es, dass er eines Abends vor dem Bildschirm saß und einer der Teilnehmer sagte: »Wie doch die Zeit vergeht, nächste Woche ist ja schon unser Abschlussworkshop.«

Im nächsten Moment zog es Ferdinand den Magen zusammen. Die Tatsache, dass die Ausbildung bald vorüber war, hatte er total verdrängt. Die Zeit des Lernens hatte er sehr genossen. Der Gedanke daran, bald fertig zu sein und mit seiner neuen Tätigkeit raus ins Leben zu gehen, versetzte ihn jedoch in Panik. Die Tage bis zum Abschlussworkshop und darüber hinaus war er völlig energielos, und er fühlte permanent eine Enge im Bauchbereich. Manchmal war ihm sogar richtig schlecht. Eigentlich sollte er doch glücklich sein, die Ausbildung bestanden zu haben und endlich loslegen zu können. Er wusste nicht weiter. Eine *große Prüfung* des Lebens stand ihm bevor.

Ein weiteres Mal klingelte mein Telefon, und diesmal machte Ferdinand gar nicht erst ein Geheimnis daraus, wie es ihm ging. Ohne groß nachzufragen, machten wir einen weiteren Termin für eine Sitzung aus, wobei mir schon mein Bauchgefühl sagte, dass die Stunde mit ihm sehr tief gehen würde. Es sollte mich nicht trügen.

Als wir nach einem kurzen Vorgespräch loslegten, in dem er mir erklärt hatte, er sei total blockiert, seine neue Tätigkeit auszuleben, kamen wir ungewöhnlich schnell ans Eingemachte. Wahre Urwunden zeigten sich. Angst vor der eigenen Größe. Angst, nicht gut genug zu sein. Ein weiteres Mal konnten wir die Blockaden gut transformieren. Doch noch eine Schicht darunter lag etwas, was er selbst sein Leben lang ignoriert hatte: seine fehlende Vaterfigur. Er hatte in seinen prägenden Kindheitsjahren niemanden, der ihm Selbstvertrauen mitgab und ihn aufs Leben vorbereitete. Tiefe Schmerzen zeigten sich, die wir zum Glück auch wandeln konnten. Diese Sitzung mit Ferdinand wurde eine der größten Durchbruchssitzungen, die ich jemals erlebt habe.

Dank der Transformation seiner Kernthemen konnte er nun sein persönliches *Elixier* mit nach Hause nehmen, und zwar seine Bereitschaft, sich nun in seiner wahren Größe zu zeigen, mit den Talenten, die er auf diese Welt mitgebracht hat.

Ab diesem Zeitpunkt ging alles ganz schnell. Er feierte seine *Rückkehr* als neuer Mensch, der zu sich stand und bereit war, seine Lebensaufgabe anzutreten. Und genau das strahlte er auch aus. In Gesprächen erzählte er so voller Enthusiasmus, was er nun beruflich mache, dass es ansteckend war. Innerhalb weniger Wochen hatte Ferdinand bereits die ersten Klienten gewonnen. Mittlerweile bin ich mit ihm befreundet, und wenn wir uns sprechen, blicken wir gern auf seine intensive Zeit zurück.

Die größte Heldenreise aller Zeiten

Wenn du dieses Buch liest, so hast auch du bestimmt schon größere und kleinere Heldenreisen in deinem Leben absolviert und gemeistert. Doch der Weg, auf dem du dich nun befindest, toppt einfach alles! Es ist die Reise aller Reisen. Der Weg, für den deine Seele viele Leben verbrachte, um nun reif genug für ihn zu sein. Der Weg, den immer noch sehr wenige gehen, weil ihn nur die Stärksten und Mutigsten gehen können. Es ist die Heldenreise zur Erfüllung in *dir:*

1. **Der Ruf:** Deine Heldenreise zum wahren Ich beginnt meist schon in jungen Jahren, wenn du spürst, dass du irgendwie anders bist. Es ist wie ein Geruch, der in der Luft liegt, den du zwar nicht richtig zuordnen kannst, aber du spürst, dass es irgendwie um mehr im Leben geht als um das, was du in deinem Umfeld beobachtest. In der Annahme, du bildetest dir das eventuell nur ein, drückst du es weg und versuchst, dein Leben wie alle anderen auch zu führen. Schule, Ausbildung, Job und Beziehung. Alles hast du brav abgehakt, als du merkst, dass es dir nicht die Erfüllung bringt, wie du dachtest.

Es dämmert in dir bereits, dass es darum geht, nach innen zu gehen, um dich dort zu finden.

2. **Die Verweigerung:** Obwohl dein gewohntes Leben schon recht fad geworden ist und du dich immer leerer fühlst, bleibst du da, wo du bist. Dir ist zwar schon bewusst, dass es deine alten Verletzungen und dein Ego sind, die dich abhalten, wirklich du selbst zu sein. Dennoch scheint der Berg viel zu hoch, um ihn zu erklimmen. Eine ganze Weile gehst du weiter durch den Alltag, bis deine Seele dich zu schubsen beginnt. Vielleicht umhüllt sie dich mit noch mehr Dunkelheit, sodass du depressiv wirst. Irgendetwas Massives wird ihr einfallen, sodass es sich auf einmal nicht mehr für dich lohnt, im alten Leben zu bleiben.
3. **Der Aufbruch:** Du bist soweit. Deine Seele hat ganze Arbeit geleistet und dich souverän dahin gebracht, wo zu sein dir bestimmt ist: die ehrliche Bereitschaft, nach innen zu blicken. Ängstlich und gleichzeitig auch motiviert, suchst du nach Wegen, deiner inneren Bereitschaft Taten folgen zu lassen. Fleißig beginnst du zu recherchieren, um Näheres über dich und deine Lebensthemen zu erfahren. Der innere Ruf, dem du nun folgst, bewegt dich dazu, dir mehr Zeit für dich zu nehmen, und dein Bedürfnis nach Rückzug nimmt stark zu.
4. **Prüfungen:** Dein Gefühl, auf dem richtigen Weg zu sein, lässt dich immer weiter graben. Du hast »Blut geleckt« und meldest dich vielleicht sogar zu einem Selbstfindungsworkshop an. Doch egal, was du tust, der folgende Schritt stand schon geschrieben, bevor du überhaupt losgegangen bist. Die Büchse der Pandora wird geöffnet. Durch ein Erlebnis kommen unerwartet schnell

deine versteckten Schattenseiten ans Tageslicht, sodass es dich im ersten Moment förmlich überrollt. So hattest du dir das Ganze nicht vorgestellt, und ehe du dich's versiehst, befindest du dich in einem echten Sturm. Zuerst versuchst du händeringend, die inneren Wogen wieder zu glätten, nur um rasch festzustellen, dass du das allein nicht schaffen wirst.

5. **Mentor/Übernatürliche Hilfe:** »Wenn der Schüler bereit ist, so erscheint der Lehrer.« Als du ziemlich ratlos umherirrst, ohne zu wissen, wie es weitergehen soll, schickt dir deine Seele übernatürliche Hilfe. Wie durch Zauberhand findest du zum Beispiel in deiner Nähe einen Therapeuten, der dir auf Anhieb sehr vertraut erscheint, und du weißt sofort, dass er dir helfen kann. Mit ihm an deiner Seite schaffst du es, die Schattenseiten, die in deinem Sturm die Bühne betreten haben zu transformieren und wertvolle Schritte in Richtung wahres Ich zu gehen.
6. **Weitere Prüfungen:** Du machst tolle Fortschritte, und mehr und mehr ergibt der eingeschlagene Weg einen Sinn für dich. Du atmest auf und bist stolz, den Sturm gemeistert zu haben, nicht ahnend, dass deine Seele bereits die nächsten Schritte geplant hat. Sie freut sich so sehr, dass du nach innen blickst, weswegen sie keine Zeit verschwendet, dich noch tiefer in den Kaninchenbau zu führen. Sie schickt dir weitere Erlebnisse in deiner Außenwelt, um dir bewusst zu machen, was noch im Innen erlöst werden will. Wieder wird es turbulent. Das Gute jedoch ist, dass du aus der ersten Prüfung Stärke bezogen hast und weißt, dass du es schaffen kannst. Auch diese Prüfung meisterst du mit Bravour.

Wieder hast du wertvolle Anteile deines wahren Ichs eingesammelt und denkst dir: »Jetzt habe ich es geschafft!«

7. **Große Prüfung:** An dieser Stelle bist du schon unglaublich weit gekommen und nicht mehr der Mensch, der du einmal warst. Deine Seele jubelt vor Freude über dein Wachstum, und sie weiß genau, dass nur noch ein letzter Schritt fehlt. Du bist zwar schon Meilensteine auf deinem Weg zur Erfüllung in dir gegangen. Doch bis zuletzt gibt es da immer noch dein Ego, das alles andere als gern von seinem Thron gestoßen wird. Dieser Tatsache ist sich auch deine Seele voll bewusst. Ein weiteres Mal greift sie tief in ihre Trickkiste, um den größten Sturm herbeizuführen, den du dir vorstellen kannst. Deine Urthemen kommen aus den Tiefen deines Unterbewusstseins hoch und drohen dich im ersten Moment förmlich aufzufressen. Kurzfristig kann es sich sogar wie zu sterben anfühlen, und genau genommen ist es das auf eine Art: Dein Ego kämpft ums Überleben. Gestärkt aus deinen vergangen Erfahrungen, gibst du dich dem letzten Gefecht hin und tauchst nach innen.
8. **Elixier:** Es ist vollbracht. Du hast die letzten Goldschätze aus der Tiefe ans Licht gebracht, und dein Elixier ist dein wahres Ich, mit dem du nun vollkommen verbunden bist. Ein komplett neues Leben wartet auf dich.
9. **Die Rückkehr:** Nach deiner anstrengenden Reise nach innen, in der du dich eine ganze Weile von der Welt isoliert hattest, bist du nun bereit, dich wieder zu zeigen. Du bist in neuem Glanz erstrahlt. Auch wenn es nicht alle zu deuten wissen, deine Mitmenschen spüren die große positive Veränderung, die du auf deiner Helden-

reise erreicht hast. Dein Leben ist nun deutlich leichter geworden.

Mein Ziel für dich ist vor allem, dass du den Weg und die stürmischen Zeiten, die du bereits hinter dir hast, nicht mehr negativ bewertest, sondern in der Tiefe verstehst, dass sie Teil deines intensiven Weges der Selbstfindung sind. Von daher hoffe ich, dass dir das Modell der Heldenreise hierzu wertvolle Impulse geben konnte. Natürlich ist nicht jeder Weg gleich, und ich will dir auch auf keinen Fall Angst machen, wenn hier von großen Prüfungen und Krisen die Rede ist. Es muss nicht so kommen. Mein Bestreben ist nur, dass, wenn es für dich in Zukunft noch einmal stürmisch werden sollte, du nun ganz genau weißt, dass es tief sinnvoll ist und deinem Weg zum wahren Ich dient. Denn sich an die Heldenreise zu erinnern, wenn man sich gerade im »Auge des Sturms« befinden, macht einen riesengroßen Unterschied.

Mit der Heldenreise möchte ich dir zusätzlich vermitteln, dass du auf deinem Weg beschützt bist. Wie ein präzises Zeitschloss gibt dir das Universum immer die Aufgaben, die du meistern kannst, um den nächsten Schritt auf deiner Reise zu gehen. Wenn du mutig ins Ungewisse springst, hält das Leben dir den Rücken frei und schickt dir Menschen oder andere Hilfen.

Die Heldenreise zu deinem wahren Ich ist nicht wirklich glamourös. Viele deiner Mitmenschen werden dich nicht verstehen, es ziehen sich auch viele von dir zurück. Doch du bleibst bei dir und deinem Heldenweg.

Die neue Zeit

Kommen wir nun zu einem Kapitel, das mir sehr am Herzen liegt, denn es wird dir zeigen: Es ist sicher kein »Zufall«, dass du gerade jetzt das Bedürfnis verspürst, nach innen zu gehen. Und obwohl dein Leben vielleicht derzeit noch kopfsteht und es dich innerlich regelmäßig durchwirbelt, bist du ein Vorreiter einer neuen Zeit, in die wir einzutreten beginnen. Lass mich dir nun zeigen, wie kosmische Einflüsse unsere Welt verändern und was das Ganze mit dir und deinem Weg zu tun hat.

Unsere Welt heute

Mein Leben lang fragte ich mich immer wieder, auf was für einem Planeten ich hier nur gelandet bin … Ich war nie ein Mensch, der die Gegebenheiten auf dieser Welt einfach als »gegeben« betrachtete. Schon in meiner Jugend begann ich, alles Mögliche zu hinterfragen und nahm mir die Dinge, die ich da so beobachtete, sehr zu Herzen. Ich sah zum Beispiel, wie der Großvater meines besten Freundes, der jahrzehntelang als Bürgermeister mit ganzem Herzen seiner Gemeinde gedient hatte, mutterseelenallein im Altersheim dahinvegetierte, weil niemand Zeit für ihn hatte. Ich sah, wie meine alleinerziehende Cousine gezwungen war, ihr Kind in einen Ganztags-Kindergarten zu geben, weil sie Geld verdienen musste.

Es war eine Vielzahl von Erlebnissen, die mich schon damals traurig stimmten und daran zweifeln ließen, dass das alles wirklich normal wäre und man nichts daran ändern könnte. Wenn ich früher mit meinen Freunden darüber zu reden versuchte, gaben Sie mir jedoch immer die gleichen Antworten wie: »Da kannst du nichts dran ändern. Leb einfach dein Leben.« Genau das tat ich dann auch, und irgendwie hatten sie ja nicht ganz unrecht, aber ein fader Beigeschmack begleitete mich für lange Zeit. Denn wenn man sich die Welt und ihre Besucher mal aus der Vogelperspektive anschaut, so ist man schon ab und zu geneigt, sich an den Kopf zu fassen.

Folgendes Bonmot beispielsweise hast du bestimmt schon mal gehört: »Wir opfern unsere Zeit, um mit einem Job, den wir nicht mögen, Geld zu verdienen und uns dann Dinge zu kaufen, um Menschen zu beeindrucken, die wir nicht mögen.« Und tatsächlich: Für unfassbar viele Menschen, gerade in unserer westlichen Welt, trifft diese Tatsache nach wie vor zu. Doch nicht nur ist dieses Verhalten fragwürdig, es hat auch massive Folgen, die vielfach ignoriert werden. Hier nur ein paar Beispiele:

- Unsere Kinder, die mit das Wertvollste sind, was wir haben, werden immer früher in die Hände anderer gegeben, damit wir arbeiten können.
- Für unser Übermaß an Konsum wird Nachhaltigkeit gern hintangestellt, sodass wir nach wie vor dem Planeten durch Umweltzerstörung schaden.

- Unsere Ältesten, die wir gebührend achten und in unser Leben integrieren sollten, werden sprichwörtlich als »Altlast« empfunden und zu Ausgestoßenen gemacht.
- Doch nicht nur der Materialismus ist ein Merkmal unserer Zeit. Auch die Dauer und Tiefe von Beziehungen ist in den letzten Jahrzehnten stark zurückgegangen. Dabei sollte doch die Liebe einer der wertvollsten Säulen in unserem Leben sein. Doch heutzutage ist das nächste oberflächliche Abenteuer nur einen Wisch auf dem Handy entfernt.

Es gibt viele Bereiche, die wir noch beleuchten könnten, um aufzuzeigen, dass gewisse Dinge auf unserer Welt vielleicht nicht ganz so rund laufen. Die entscheidende Frage ist jedoch: Wo liegt die Wurzel? Wer trägt die Schuld? Sind es die Politiker, die uns vorschreiben, wie wir zu leben haben? Sind es die großen Unternehmen, die unsere Konsumgüter produzieren? Oder sind es die Medien, die uns ein falsches Bild über gesunde Werte im Leben vermitteln?

Der Grund für das, was wir bis heute auf der Weltbühne erleben, ist der aktuelle Bewusstseinszustand der Menschen, der sich in ihr spiegelt. Wir leben in einer Zeit, in der bis zuletzt das Ego die Welt fest im Griff hatte. Deswegen wurde sie auch von vielen spirituellen Lehrern gern mal als »das dunkle Zeitalter« bezeichnet. Denn der Bewusstseinsstand ist bei der überwiegenden Mehrheit der Menschen noch sehr niedrig. Sie haben nie gelernt oder den Mut gehabt, in die Tiefen ihres Unterbewusstseins einzutauchen und sich ihrer Schattenseiten bewusst zu werden. Die innere Trennung, die sie spüren, lässt sie auch ihre Umwelt und ihre Mitmenschen als getrennt von sich und anderen wahrnehmen. Ja, das Ego hat beim Löwenanteil der Menschen noch die Oberhand, und wir wissen ja mittlerweile, wie das Ego sich verhält. Es sucht Erfüllung im Außen. Und so rennen nach wie vor Milliarden von Erdbewohnern wie wild gewordene Hühner herum und versuchen mit allen Mitteln, das zu bekommen, was sie sich im Inneren nicht geben können – nach dem Motto: »Oh, da kommt eine innere Leere in mir hoch. Ach, ich kaufe mir einfach ein neues Handy, das lässt mich wieder besser fühlen.«

Ein weiterer Wesenszug des Egos, das sich in unserer Welt immer noch zeigt, ist der Fakt, dass es immer daran interessiert ist, zu vergleichen und in Kategorien wie »besser« oder »schlechter« unterteilt. Somit sind Neid und Gier programmiert, was sich definitiv daran zeigt, wie wir miteinander umgehen. Während in der Natur alles miteinander vernetzt ist und eine Aufgabe erfüllt, achten die meisten Menschen aufgrund ihres Egos nur auf ihren eigenen Vorteil.

Hierzu habe ein beredtes Beispiel: Letztens sah ich in einer Doku, wie ein Naturvolk als Ritual über Generationen hinweg immer wieder psychedelische Pilze einnahm. Die Einnahme dieser Pflanze sorgte dafür, dass das Ego Pause hatte und die Stammesmitglieder sich nicht mehr als getrennt voneinander wahrnahmen. Das Ergebnis war, dass bei ihnen stets pure Harmonie und Nächstenliebe herrschte. Alle halfen sich gegenseitig, und niemandem mangelte es an etwas. Aufgrund einer Naturkatastrophe wurden sie schließlich an einen neuen Ort umgesiedelt. In ihrer neuen Heimat wuchsen keine dieser magischen Pilze, sodass ihr bewährtes Ritual entfiel. Das Ergebnis war erschreckend. Innerhalb kürzester Zeit begannen sie, Grundstückslinien um ihre Zelte zu ziehen, Lebensmittel zu horten, und Streitereien waren an der Tagesordnung. Ihr Ego war zurückgekehrt, und jeder begann, nur auf seinen Vorteil zu achten.

Ein anderes Merkmal des Egos, das sich sehr deutlich in unserer Welt zeigt, ist, dass es uns sehr geschickt überredet, in der Verdrängung zu bleiben. Denn wenn wir es genauer betrachten, können wir feststellen, dass wir unter starker Prokrastination, also »Aufschieberitis« leiden. (»Massentierhaltung ist nicht gut. Ja, schon, aber darum kümmern wir uns noch, jetzt geht es erst mal um Gewinnmaximierung.«)

Ich bin mir ziemlich sicher, dass auch du schon des Öfteren gedacht hast, was mit der Welt los ist. Und es ist ganz sicher oft nicht leicht zu akzeptieren, dass sie noch so ist, wie sie ist. Und obwohl es ja in diesem Buch darum geht, wie du die Erfüllung *in dir* findest und nicht im Außen, freue ich mich dennoch, dir im nächsten Abschnitt zu erklären, warum sich vieles ändern wird und du eine Rolle darin spielst. Denn durch das, was jetzt gerade auf der Welt passiert, wird etwas in dir angestoßen, was deine Entwicklung hin zu deinem wahren Ich stark beeinflussen kann.

Unsere Welt morgen

Ich habe dir eine frohe Botschaft zu verkünden! Deine Seele hat sich dazu entschieden, sich in die vielleicht spannendste Zeit zu inkarnieren, die die Welt je gesehen hat. Sie muss ziemlich abenteuerlustig sein, denn den Wandel auf der Welt, der sich gerade zu vollziehen beginnt, macht man nicht alle Tage mit …

Mit beeindruckenden Parallelen prophezeiten unter anderem die alte Kultur der Maya, die Hopi-Indianer und Astrologen den Eintritt in das sogenannte Wassermannzeitalter, das unsere Welt grundlegend verändern würde. Das Wassermannzeitalter beschreibt eine astrologische Planetenkonstellation, in die wir vor einigen Jahren eingetreten sind und deren Auswirkungen seit 2020 so richtig Fahrt aufgenommen haben.

Bisher lebten wir in einem Zeitalter, das stark von der männlichen Energie (Yang) geprägt und von einem niedrigen Bewusstseinsstand durchzogen war. Das bedeutet zum Beispiel:

- Das Materielle, Rationale und Greifbare stand im Vordergrund, Gefühle und Phänomene, die mit dem Verstand nicht plausibel zu erklären sind, wurden verdrängt.
- Es ging mehr darum, etwas *haben* und erreichen zu wollen, als darum, einfach zu *sein*.
- Man bewegte sich eher in der Außen- als in der Innenwelt.
- Es drehte sich mehr um das Ich als um das Wir.
- Wir bewegten uns eher in der Trennung als in der Einheit.
- Wir waren unbewusst anstatt bewusst.

Durch kosmische Einflüsse wird nun immer intensiver das von der weiblichen Energie (Yin) geprägte Zeitalter eingeläutet. Diese Einflüsse bewirken, dass sich mehr oder weniger sämtliche der oben genannten Attribute des männlichen Zeitalters nach und nach drehen werden. Doch das alles wird nicht einfach mit einem Fingerschnippen passieren. Es ist ein Prozess, und es wird einen Übergang geben.

Die kosmischen Einflüsse, die nun mehr und mehr auf uns einwirken, sorgen für eine Schwingungserhöhung der Erde. Vereinfacht ausgedrückt, bedeutet dies, dass immer mehr

Licht auf unseren Planeten einströmt. Und genau diese Tatsache wird den Wandel bewirken, denn alles aus dem Schatten Geborene wird in Zukunft mehr und mehr seine Daseinsberechtigung verlieren. Im alten Zeitalter war alles, was im Schatten lag – das Ego und all seine Auswirkungen – quasi noch »erlaubt«. Aber diese Zeit läuft nun aus. Die Verdrängung wird immer weniger funktionieren. Nein, alles will jetzt angesehen werden und kommt ans Licht, und zwar im großen wie im kleinen Rahmen.

Wenn jemand in der alten Zeit zum Beispiel aus seinem verdrängten Schattenthema heraus, nicht gut genug zu sein, seinem Ego folgte und Bestätigung im Außen suchte und fand, so wird das nun noch viel schneller als früher nicht mehr funktionieren. Oder während bis zuletzt Unternehmen, die aus Profitgier ihre Mitarbeiter schlecht behandelten und bezahlten und die Umwelt nicht achteten, sehr erfolgreich sein konnten, so wird auch das in Zukunft nicht mehr klappen.

Und gerade jetzt, in der Zeit des Übergangs, stehen die Welt und die Menschen auf dem Prüfstand. Es ist, als würde der Kosmos das Schwert der Wahrheit in den Boden rammen und sagen: »Entscheide dich. Wo stehst du? Bist du bereit, deine Schatten anzusehen?«

Vielleicht ist es aus diesem Grund auf höherer Ebene auch kein Zufall, dass uns die Coronakrise Anfang 2020 ereilte. Schließlich war es ja tatsächlich so, als hätte jemand kurz mal den Pausenknopf auf der Welt gedrückt, denn viele Bereiche des Lebens standen plötzlich still. Weil das gewohnte Leben und somit auch das Wohlfühlprogramm unseres Egos unterbunden waren, wurden die Menschen dazu aufgefordert, nach innen zu gehen. Und viele haben genau das auch getan und sich und ihr Leben hinterfragt.

Deswegen wird die Zeit, in der wir uns gerade befinden, von spirituellen Menschen – unabhängig von konkreten Ereignissen wie der Corona-Pandemie – auch als das »große Erwachen« bezeichnet, weil wir durch die Schwingungserhöhung und die Spiegel, die immer deutlicher werden, mehr und mehr aufgefordert werden, uns aus dem Traum des Egos zu lösen und zu erkennen, wer wir wirklich sind.

Keine Frage, wir leben in einer Phase, die durchaus als (konträr)faszinierend bezeichnen kann. Indem ich dieses Thema hier aufgreife, möchte ich dir im ersten Schritt erst einmal zeigen, dass du sozusagen »voll im Trend« bist, wenn du gerade stürmische Zeiten in deinem Leben erfährst. Und weil du zusätzlich die Bereitschaft hast, deine inneren Themen zu klären, wirst du sicher im Flow »mitschwingen«.

Und obwohl gerade, ähnlich wie du, sehr viele schon auf dem Weg der Bewusstwerdung sind, ist es immer noch die Vorhut. Denn die Energien, die auf die Erde einströmen, werden immer stärker, sodass die verdrängten Themen bei den Menschen noch mehr hochbrodeln werden.

Gründe und Auswirkungen der Schwingungserhöhung

Lass uns an dieser Stelle noch einmal genauer unter die Lupe nehmen, was genau die Schwingungserhöhung bewirkt. Alle Emotionen und Bewusstseinsebenen, in denen wir Menschen uns bewegen, bestehen aus Schwingungen und Frequenzen. Es gibt niedrig schwingende Emotionen, die dem Ego zugeordnet sind, wie Neid, Schuld, Angst, Eifersucht, Hass, Scham, Trauer und so weiter. Und es gibt hochschwingende Emotionen, die dem wahren Ich zugeordnet sind, wie Freude, Liebe, Vergebung, Dankbarkeit, Frieden und dergleichen. Weil nun, im Wassermannzeitalter, die Schwingung auf der Erde massiv ansteigt, können die niedrig schwingenden Emotionen auf Dauer nicht mehr existieren. Aber sie werden sich nicht einfach in Luft auflösen, denn wie du weißt, geht es darum, die verdrängten Emotionen anzunehmen und zuzulassen, um sie in höher schwingende zu verwandeln. Und viele sind dazu innerlich noch nicht bereit. In naher Zukunft wird es also mehr und mehr Menschen geben, die bildlich gesprochen einen brodelnden Vulkan in sich tragen, der endlich ausbrechen will.

Deswegen sagt man auch, dass wir in einer Zeit leben, in der sich »die Spreu vom Weizen« trennen wird, also unbewusste Menschen sich immer deutlicher von bewussten unterscheiden werden. Doch egal, wie alles kommt, wichtig ist nur, dass du bei dir und deinem Weg bleibst und ins Vertrauen gehst. Natürlich kann es gut sein, dass auf der Weltbühne noch die eine oder andere stürmische Phase stattfindet. Wenn das so kommt, wirst du sie als Geburtswehen der neuen Zeit zu deuten wissen und in deiner Mitte bleiben.

Und was dich als Vorreiter noch freuen wird: Du gehst den Weg nicht nur für dich. Wenn eine kritische Masse von Menschen erreicht ist, die wieder mit ihrem wahren Ich verbunden sind, so wird diese Information auf energetischer Ebene ins morph(ogenet)ische, das heißt gestaltgebende Feld der Erde gespeist, und andere werden es leichter haben, den gleichen Weg auch zu gehen. Außerdem wirst du in Zeiten, in denen einige deiner Mitmenschen halt- und orientierungslos sein könnten, wie ein Leuchtturm dastehen und ihnen mit deiner Präsenz helfen können.

Kommen wir nun zu weiteren konkreten Auswirkungen. Hast du in letzter Zeit auch immer häufiger Tage, an denen es dir förmlich den Stecker zieht? Und obwohl dich gerade kein bestimmtes Thema triggert, fühlst du dich einfach nur müde und äußerst dünnhäutig? Spürst du in diesen Tagen dann ein dringendes Bedürfnis, dich völlig zurückzuziehen und manchmal einfach nur zu schlafen? Hast du an diesen Tagen vielleicht auch das Gefühl, dass dein ganzer Körper vibriert und eventuell sogar dein Kopf dröhnt wie verrückt? Wenn ja, dann bist du nicht allein. Gerade seit Beginn des Jahres 2021 berichten sensible Menschen vermehrt von Tagen, an denen es ihnen genau so geht wie soeben beschrieben.

Auch ich bekomme dieses Phänomen immer häufiger mit. Am interessantesten dabei ist meines Erachtens, dass es Tage gibt, an denen zum Beispiel in Videokonferenzen durch die Bank alle Teilnehmer diese Symptome spüren. Was kann also dahinterstecken, wenn sensible Menschen oft zeitgleich Tage wie solche erleben?

Der Grund ist leicht erklärt wie auch überaus faszinierend. Im Zuge der Schwingungserhöhung hier auf dieser Welt gibt es, ausgelöst durch äußere Einflüsse wie zum Beispiel Sonnenstürme oder -eruptionen, Tage, an denen weit mehr Energie als üblich auf die Erde trifft. Und diese Energie spüren empfängliche Individuen teilweise so stark, als hätte man sie kurz mal in die Mikrowelle gesteckt. Ich möchte dir diesen Vorgang gerne anhand der sogenannten Schumann-Resonanzen näher erläutern (benannt nach dem Physiker und Elektroingenieur Winfried Otto Schumann [1888–1974]). Ich mag dieses plausible Modell, weil es die ganze Sache greifbar macht und zeigt, dass die Schwingungserhöhung sogar messbar ist. Die Schumann-Resonanzen – stehende elektromagnetische Wellen in einem Teil der Erdatmosphäre (Ionosphäre) – wurden bereits im Jahr 1960 experimentell nachgewiesen. Vereinfacht ausgedrückt, zeigt die Schumann-Frequenz die Schwingung, die auf der Erde herrscht. Die Grundfrequenz der Erde ist 7,83 Hertz. Nun gibt es Tage, in denen sie durch kosmische Einflüsse auf 30, ja teilweise 40 Hertz und mehr hochschnellt. Auf höherer Ebene sind es Tage, in denen wir viel stärker »durchlichtet« werden als sonst. Und durch meine beständige Erfahrung der vielen Beobachtungen von Klienten und weiteren Personen in meinem Umfeld kann ich sagen, dass, wenn mal wieder so ein Tag vorkommt, in denen die Frequenz hochschnellt, man die Uhr danach stellen kann, dass sie es spüren werden.

Auch am Schumann-Modell kann man erkennen, dass die Schwingungserhöhung signifikant zunimmt, denn die Abstände von Tagen mit hohem Ausschlag verkürzen sich seit Anfang 2021 immer mehr. Mit dieser Erklärung möchte ich dich in allererster Linie noch einmal wissen lassen, dass du nicht allein bist, wenn du solche Tage erlebst. Denn wir neigen dazu, sofort zu denken, dass irgendetwas mit uns nicht stimmt, wenn es uns mal nicht so gut geht. Ich möchte dir also sagen, dass es eigentlich ein sehr gutes Zeichen ist und du voll im Prozess bist und mitschwingst, wenn du solche Tage erlebst. Und da wir ein Bewusstsein haben, das in unserem Körper wohnt, kann es natürlich sein, dass wir es auch körperlich spüren, wenn es an solchen Tagen erhöht wird.

Zweierlei kann passieren, wenn du unter Einfluss einer solchen atmosphärischen Situation stehst:

- Durch die stärkere »Durchlichtung« deiner selbst, die an diesen Tagen passiert, kann es sehr gut sein, dass deine verdrängten Schattenthemen angeschoben werden. Sei in diesem Fall einfach wachsam und beobachte, welche Themen sich zeigen, und bearbeite sie ganz in Ruhe, wenn du wieder die nötige Kraft dazu hast.

- Es kann auch passieren, dass du dich an solch einem Tag einfach nur müde, dünnhäutig und irgendwie nicht wohl fühlst, ohne dass sich ein spezielles Thema in dir Gehör verschaffen möchte. In diesem Fall findet in dir eine Art »Seelen-Update« statt. Das heißt, durch die hohe Energie erfährst du eine höhere Anbindung an die Einheit, aus der du kommst, ohne dass du etwas dafür tun musst. Hier ist es besonders wichtig, dass du dich einfach hingibst und dir die nötige Ruhe gönnst, die du brauchst. Lass es einfach durchfließen.

In beiden Fällen kannst du dich also freuen, dass Entwicklung in dir geschieht. Und auch wenn es manchmal anstrengend ist: Du hast ein solches Glück, in dieser Zeit zu leben, denn getragen von der Energie der Schwingungserhöhung, lassen sich deine Schritte hin zu deinem wahren Ich sozusagen in Windeseile gehen.

Es folgen jetzt noch zwei Erfahrungsberichte von Menschen, die die Einflüsse der Schwingungserhöhungen zunehmend deutlicher spürten und lernten, immer besser damit umzugehen (wiedergegeben mit ihren eigenen Worten).

Annas Geschichte

Wenn ich auf mein Leben zurückschaue, muss ich sagen, ich war als Kind und Teenager sehr verträumt. Die Strukturen, die von allen um mich herum als normal bewertet wurden und nach denen alle lebten, lösten in mir schon früh viele Fragezeichen, Angst und Druck aus. Ich fühlte mich ausgeliefert und machtlos.

Also begab ich mich in meinen Modus, in dem ich mich sicher fühlte ... meine Traumwelt. Ich wurde unheimlich gut darin, mich fast schon abzustellen, um mich so vor diesem ganzen Informationsüberfluss und den Erwartungen zu schützen. Dadurch wurde es leider auf lange Sicht gesehen nicht besser, sondern der Leistungsdruck erhöhte sich eher, da ich älter wurde und »Verantwortung« übernehmen musste in einer Welt, in der ich mich fremd und manipuliert fühlte. Gleichgesinnte gab es damals nicht, ich fühlte mich verloren, missverstanden und unterdrückt.

Ein innerer Kampf ging los, das Gefühl, hier irgendwie falsch zu sein, die Unterdrückung meiner Intuition und die damit verbundene Verbindung zu mir selbst verschwand ... doch tief in mir wusste ich die ganze Zeit, dass ich recht habe, dass nicht ich diejenige bin, mit der etwas nicht stimmt, sondern im Außen ein kollektives Missverständnis herrscht.

Durch eine sehr schmerzhafte Trennung von einem Mann, bei dem ich mich nun endlich sicher und vollständig gefühlt hatte, begann ein allumfassender tiefer Erwachensprozess, in dem ich sehr stark mit mir und meinen Themen konfrontiert wurde. Mein sicherer Hafen war weg, mein Zuhause, das ich endlich zu haben glaubte, brach in sich zusammen ... und ich war wieder an dem Punkt, an dem ich mich so einsam und unverstanden fühlte wie einst.

Ich begab mich deshalb mit Anfang zwanzig auf die Suche nach Antworten. Ich reiste als Backpackerin um die Welt und hatte die Hoffnung, dass mir irgendjemand hier die Lösung für ein glückliches Leben gäbe. Die Suche nach der Erfüllung ging los ... Etliche Reisen, Umzüge und Leben aus Koffern später sollte ich irgendwann begreifen, dass ich selbst mein Zuhause bin, aber dazu später mehr.

Meine Seele wollte erst mal Abenteuer erleben und entdecken, was die Welt noch zu geben hat. Fernab der Strukturen und Systeme, in denen ich mich nicht einen Tag sah, nachdem ich mein aufgezwungenes, durch Schummeln bestandenes BWL-Studium irgendwie erfolgreich abgeschlossen hatte. Bis heute war ich in keinem festen Arbeitsverhältnis mit diesem Bachelor. Die Angst war zu groß, nie wieder da rauszukommen und stattdessen tief in Abhängigkeiten und Bausparverträgen zu versinken.

Ich dachte, ich lasse meine Probleme in Deutschland und fliege ins Glück. Natürlich stellte sich das als Trugschluss heraus, doch habe ich viel gelernt von verschiedensten Kulturen, die ihre Spiritualität auf unterschiedlichste Art leben. Es war ein Weg, mein Weg in meine heilige Leichtigkeit, die ich mir sehr hart erkämpfte, nach der ich mich immer gesehnt hatte, wofür ich durch viele Prozesse gegangen bin und viele Wunden schmerzhaft heilte …

Wie? Zahlreiche Aufenthalte in Klöstern und Ashrams dieser Welt, diverse Zeremonien, Energiearbeit in unzähligen Einzelsitzungen, Coaching, Dutzende von Büchern, tiefe durchgehende Selbstreflexion. Es war ein gutes Stück Arbeit, doch ich liebte es, und ich fühlte mich angekommen.

Ich schwor mir: Das lasse ich mir von keinem Menschen der Welt mehr nehmen, und von niemandem lasse ich mir mehr erzählen, das Leben sei doch »ach so hart« und müsse »anstrengend« sein. Nein, meine Leichtigkeit gehört mir und ist mein errungener Schatz.

Ich schlängelte mich gekonnt durchs Leben, jobbte mal hier, mal da, war eigentlich immer auf dem Sprung. Die große Lernaufgabe hierbei war zu begreifen, dass ich mein Zuhause bin, egal, wo ich mich aufhalte. Das gelang mir gut, und ich kam immer mehr genau dort an.

Durch die massiven Veränderungen im Außen, welche Anfang 2020 begannen, hat sich global enorm viel für jeden von uns verändert. Nicht nur mit den Augen wahrnehmbar, sondern eben auch sehr stark auf energetischer Ebene. Die Welt ist im Wandel auf den unterschiedlichsten Ebenen, und wir sind mittendrin.

Das bringt natürlich nicht nur schöne Seiten mit sich, ich denke, das haben wir alle mitbekommen.

Diese hohe globale Frequenzerhöhung ging auch an mir nicht vorbei, wobei es mir anfangs recht gut gelungen ist, diese auszugleichen. Es war natürlich undenkbar, dass etwas mich aus meiner wundervollen Leichtigkeit holt und mir in Lichtgeschwindigkeit einen Wachstumsschub verpasst, der logischerweise auch mit Wachstumsschmerzen verbunden ist. Das wurde von meinem System anfangs als negativ bewertet, ich wollte es wegschieben und nicht in meinem Leben haben, da es spürbar »unangenehm« war. Ich hatte schon so konsequent an mir gearbeitet, wollte meinen eigenen sicheren Hafen nicht verlassen.

Ich habe die Chance darin nicht sehen wollen, doch auch ich blieb nicht verschont. An manchen Tagen zwang es auch mich in die Knie, mich doch so starke, stabile Persönlichkeit. Ich wollte es nicht wahrhaben, wollte mich nicht auf die Ebene des Jammerns, wie schlimm doch diese Energien nun seien, herunterlassen und mich im Opfermodus aufhalten. Doch wie gesagt, gab es auch bei mir Tage, an denen ich mich einfach nur fühlte wie ein nasser, depressiver und ausgelaugter Lappen. Ich konnte nicht entkommen, auch wenn ich es versuchte.

Auch auf körperlicher Ebene waren die Symptome deutlich. Es ging mit starkem Kopfweh, Schwindel, extremer Müdigkeit und Übelkeit einher. Ich wurde quasi gezwungen, mich hinzulegen, ja, mich hinzugeben und alles durch mich durchfließen zu lassen.

In diesen Momenten fühlte ich mich zwar wie gegrillt von diesen starken Erhöhungen im elektromagnetischen Feld, jedoch merkte ich: Es ist das Allerbeste, wenn ich es geschehen und mich durchfluten lasse. Dadurch, dass ich erkannt habe, dass es ein Akt tiefster Selbstliebe und -achtung ist, sich genau in diesen Zeiten beziehungsweise an solchen Tagen hinzugeben, nahm ich es genauso an, wie es kam, und war nachsichtig und liebevoll zu mir, ich kümmerte mich gut um mich, um so nachhaltig daraus zu schöpfen.

Ich merkte zum Beispiel auch, dass ich nur dann Kopfweh bekam, wenn ich mein Kronenchakra, sprich meinen göttlichen Kanal nach oben verschließe und die Energien somit blockiert wurden. Sie konnten nicht durchfließen, und Druck baute sich auf meinem Körper auf. Blieb ich dahingegen jedoch offen, konnte es durch mich durchströmen. Offen dem gegenüber, was geschah, offen für die neuen Informationen und Downloads, offen für Frequenzen, die uns beschenken und reinigen wollen. Offen für ein neues Bewusstsein.

Ich ging in die tiefe Annahme und gab mir die Zeit und den Raum, die ich brauchte. Somit nahm ich auch mich selbst an. Dadurch haben sich bei mir in kürzester Zeit neue Pforten geöffnet, nein, nicht nur das, sondern sogar eher hohe Palasttüren. Ich nehme mich seitdem in einer anderen Intensität und Verbundenheit mir selbst gegenüber wahr. Ich entdecke immer mehr den göttlichen Funken in mir, der durch mein kompromissloses Vertrauen in den Schöpfungsplan und die Intelligenz dahinter angefacht wurde. Ich begriff schlussendlich in der Tiefe, dass diese Macht auf höherer Ebene und um mich herum immer für mich und die beste Version meiner selbst arbeitet, wenn ich es möchte. Das ist eine Entscheidung, die jeder von uns treffen kann.

Ist das herausfordernd und angsteinflößend? Ja!

Mache ich es trotzdem? Ja!

Ich nutze diese Energien seitdem und schöpfe bewusst daraus, auch wenn es manchmal holprig, nervig und energieraubend ist. Diese Prozesse brauchen deine volle Hingabe, deine Präsenz und dein Commitment zur Transformation.

Simones Geschichte

Meine Reise zu mir selbst begann 2012. Ich wurde binnen von Sekunden auf meinen Weg gestoßen. Gefragt, ob ich darauf Lust habe, hat mich niemand. Deutlicher gesagt: Ich hatte keine Wahl! Aber selbst wenn ich eine Wahl gehabt hätte, wahrscheinlich hätte ich, ohne zu zögern, Ja gesagt, weil mir die Tragweite dieses Weges überhaupt nicht klar gewesen wäre und ich mir nie im Leben hätte vorstellen können, was mich in den kommenden Jahren alles erwarten würde. Ganz ehrlich, dieser Weg war sehr herausfordernd, von Zweifeln gesäumt und manchmal kaum auszuhalten. Aber heute bin ich überglücklich, mich auf dieses Abenteuer eingelassen zu haben, und dankbar für diesen Stoß, denn diesem habe ich mein neues Leben zu verdanken. Aber jetzt mal von Beginn an:

Mein Name ist Simone, und mein persönliches Abenteuer begann für mich mit 26 Jahren. Ich war verheiratet, mitten im Hausbau, oft auf Reisen und beruflich als junge Führungskraft anerkannt und angekommen. Ich führte das perfekte Leben. Der 25. Februar 2012 und die Begegnung mit meinem Herzensmann sollte dieses allerdings komplett auf den Kopf stellen. Dank dieser Begegnung wurde mir mein Herz geöffnet. Wir zwei schauten uns in die Augen und konnten gegenseitig bis auf den tiefsten Grund unserer Herzen und unserer Seelen sehen. Es war einfach magisch zwischen uns.

Die Wochen nach unserer Begegnung waren leicht, frei, freudig und hingebungsvoll. Ich war von Liebe getragen. Es war sprichwörtlich »zu schön, um wahr zu sein«. Mein Ego fing an gegen meine Gefühle zu kämpfen, und schrie immer lauter: »Simone, jetzt sei doch vernünftig. Du verrennst dich! Das, was du da wahrnimmst, ist Quatsch! Das zwischen euch ist viel zu leicht, das ist nicht das wahre Leben. Jetzt komm endlich zur Vernunft, und hör auf, dich an der Nase herumführen zu lassen! Denke an all das, was du dir hart erarbeitet hast!«

Unsere Herzen schlossen sich wieder, und unsere Leichtigkeit und unser Vertrauen wichen Kampf und Misstrauen. Egal, was er tat, er konnte mir nicht mehr gerecht werden. Er zog sich zurück, und ich tat es ihm gleich. Ich lenkte mich mit allem ab, was mir das Leben zur Verfügung stellte. Und immer, wenn ich mich in meinem »perfekten« Leben wieder fest eingerichtet hatte, kam mein Herzensmann wieder auf mich zu. Dieser Kreislauf wiederholte sich unzählige Male. So lange, bis alles in mir schrie: So kann es nicht weitergehen!

Endlich hinterfragte ich mein Leben bewusst. Ich suchte mir einen Coach und arbeitete an mir selbst. Anfangs waren mir Themen wie »Spiritualität« und »Manifestation« sowie das Resonanzgesetz noch sehr fremd, und all das hatte, so dachte ich, doch überhaupt nichts mit mir zu tun. An was glaubte ich da plötzlich? Ich erkannte mich nicht wieder. Zum Glück wurden mir die Zusammenhänge des großen Ganzen und das Wirken des Universums schnell durch praktische Erfahrungen bewusst. Änderte ich meine Einstellung zu Menschen und Situationen, veränderte sich automatisch meine Umwelt. Ich erkannte so langsam, dass es tatsächlich sein könnte, dass wir uns alles im Leben selbst erschaffen. Meine Intuition war unbewusst schon immer Teil meines Lebens. Ich dachte einfach, dass jeder Mensch damit »ausgestattet« wäre. Wenn Menschen mich wegen meines treffsicheren Bauchgefühls ungläubig anschauten, konnte ich die Welt nicht verstehen. Mittlerweile weiß ich, dass viele Leute den Zugang zu ihrer Intuition komplett verloren haben. Diese Erkenntnis macht mich auch heute noch traurig, denn jeder von uns kommt mit ganz individuellen Gaben und Fähigkeiten auf die Welt, und jeder von uns ist an das große Ganze angebunden. Doch Erziehung, Glaubenssätze und der Druck der Gesellschaft verschließen den Zugang zu unseren Fähigkeiten und bringen uns von unserem Weg ab.

Viele Eltern erzählen, dass ihre Kinder zum Vollmond unruhig werden oder schlecht schlafen – dies ist eine Form von kosmischen Einflüssen. Obwohl wir diese aktiv spüren, werden sie oft unterdrückt oder als nicht möglich abgetan. Auch ich unterlag schon immer diesen Einflüssen, wusste es nur nicht. Schließlich war es mit dem Verstand nicht erklärbar. Im Laufe der Zeit durfte ich lernen, meine kosmische Anbindung zu akzeptieren und zu spüren. Heute weiß ich, ich werde immer bestmöglich geführt und unterstützt. So wie wir alle.

Ich persönlich durfte mich durch die Pandemie stark entwickeln. Plötzlich war ich ganz auf mich allein gestellt. Meine Mitarbeitergespräche fanden nur noch telefonisch statt, und dabei merkte ich, dass sich meine Sinne schärften.

Ich wurde noch feinfühliger und intuitiver. Es gab Tage, an denen konnte ich ohne erkennbaren Einfluss von außen Bäume ausreißen; und es gab Tage, da hätte ich mich am liebsten verkrochen. Zu dieser Zeit habe ich aktiv damit begonnen, mich mit den Energietendenzen zu beschäftigen. Wahnsinn, dass sich mein Empfinden ganz oft mit den aktuellen Energien deckte. Ich bin empfindlich in Bezug auf Kopfschmerzen, ich merke Druck im Kollektiv immer sehr schnell. Seitdem ich das weiß, kann ich mich besser abgrenzen und meine Energien besser für mich bündeln.

Besonders beeindruckend finde ich, was uns die kosmischen Konstellationen über die Zukunft unserer Erde sagen, denn es deckt sich mit dem, was ich fühle. Wir können nicht weitermachen wie bisher. Es muss sich etwas verändern, und unser Kosmos wird dafür sorgen, dass es sich verändert. Wir haben nun die große Chance, wieder zurück zu unseren Wurzeln zu gehen, in unser wahres Sein. Damit meine ich nicht, dass wir wieder in Höhlen leben und Tiere mit einem Speer erlegen. Ich meine damit, dass sich jeder von uns wieder seiner Stärken bewusst werden darf und ein Leben ohne Zwang und Müssen leben kann. Wir dürfen die Schätze, die uns Mutter Erde bereitstellt, annehmen und in Liebe hüten. Die Welt verändert sich, und das ist gut so. Lange genug haben Erfolg, Geld und die materiellen Werte unser Leben regiert. Wir haben uns verbogen, um besser zu sein als unsere Mitmenschen, um mehr zu verdienen als andere, das größere Haus zu bauen oder den tolleren Urlaub zu verbringen. Dafür arbeiten wir hart, haben kaum Zeit für das, was uns wirklich wichtig ist oder uns wahrhaft Freude bereitet. Wir zwingen unsere Kinder bereits früh dazu, mit anderen zu konkurrieren. Später zwingen wir sie in einen Beruf, der Wohlstand verspricht, anstatt auf Dinge wie Freude, Leidenschaft und die ureigene Begabung zu achten. Wofür das alles? Um besser zu sein? Ist es das wirklich wert? Nein, in meinen Augen dürfen wir aufhören, besser sein zu wollen. Wir dürfen aus der Dualität und Rivalität aussteigen und uns selbst all das ermöglichen, was uns glücklich macht. Dafür braucht es ein Umdenken in jedem von uns. Alles, was wir brauchen, ist bereits vorhanden. Uns steht alles zur Verfügung, um wahrhaftig glücklich zu sein.

Wir dürfen uns jetzt von unseren alten Gewohnheiten lösen und neue Wege gehen. Wir dürfen die Individualität jedes Einzelnen erkennen, denn jeder Mensch ist wertvoll! Werde dir selbst wieder bewusst, und finde heraus, wer du eigentlich wirklich bist, wenn du alle Masken abnimmst und das tust, was dir aus tiefstem Herzen Freude bereitet. Ich werde meinen Teil zu dieser neuen Welt beitragen und dabei Menschen auf ihrem Weg unterstützen. Ich hoffe, *du* bist auch dabei.

Der Praxispart – In die Umsetzung kommen

Und das Beste kommt zum Schluss! Wenn ich mir vorstelle, dass du an diesem Punkt des Buches angekommen bist und nun bereit bist, Taten folgen zu lassen, wird mir ganz warm ums Herz. Schließlich bin ich hier auf dieser Welt, um meinen Part dazu beizutragen, dass Menschen wie du den Weg zu ihrem wahren Ich gehen. Doch so sehr mich diese Aufgabe auch anspornt und ich mir von Herzen wünsche, dass du die Erfüllung in dir findest, am Ende des Tages kann ich dir nur die Tür zeigen, hindurchgehen musst du selbst. Aber ich bin sehr zuversichtlich, dass dir dieses Buch und was wir bisher besprochen haben, den letzten Anstoß gegeben hat, es jetzt anzupacken. Das Schöne ist, dass der Tisch bereits gedeckt wurde. Du hast bisher ein tieferes Verständnis über den Weg erhalten, den deine Seele für dich vorgesehen hat. Du hast ein höheres Bewusstsein über dich und deine Lebensthemen erhalten und sie idealerweise sogar schon in die Liste unten eingetragen. Falls nicht, kannst du das selbstverständlich ganz in Ruhe noch nachholen. Außerdem hoffe ich sehr, dass dir das Buch bis hierhin Mut und Motivation geschenkt und dir geholfen hat, die Riesenchance zu sehen, dich über deine Schattenseiten jetzt noch mehr mit dir selbst zu verbinden. Lass uns nun gemeinsam den letzten, alles entscheidenden Schritt vollziehen, deine Schattenseiten in Licht zu verwandeln und somit deiner Heldenreise die Krone aufzusetzen.

Als Nächstes werde ich dir die Technik erklären, mit deren Hilfe du fast schon spielerisch deine Lebensthemen transformieren kannst. Überprüfe also ganz in Ruhe ein letztes Mal, ob du all die Themen, die dir bewusst geworden sind, unten eingetragen hast; und danach legen wir los. Ich freue mich darauf.

Bereit für die Transformation - Die Liste deiner gefundenen Themen

Bitte trage in das jeweilige Themengebiet unten all die Schattenseiten ein, die dir bewusst geworden sind.

Elternthemen

Schreib dir hier alle Themen auf, die dir zu deinen Eltern bewusst geworden sind.

- In welcher/welchen Rolle(n) hast du dich wiedergefunden? Boss, Träumer, Mutti, Starrhals oder Klette? Welche Wunden stecken dahinter?
- Welche Verletzungen sitzen noch in dir bezüglich deiner Eltern?
- Was verhindert noch, dass du ihnen vergeben kannst?

- Was verhindert noch, dass du ihnen die Verantwortung zurückgeben kannst?
- Was hättest du insgeheim gern noch von ihnen, was du dir selbst nicht geben kannst?

Partnerschaft

Schreib dir hier alle Themen auf, die dir zum Thema »Partnerschaft« bewusst geworden sind.

- Hast du noch Verletzungen in dir aus vergangenen Beziehungen?
- Welche verdrängten Emotionen hast du deinem Partner gegenüber?
- Welche Anteile siehst du in ihm, die du selbst noch nicht integriert hast?
- Welche Themen lassen dich noch nicht voll in deine männliche oder weibliche Kraft eintauchen?

Freundschaften

Schreib dir hier alle Themen auf, die dir zum Thema »Freundschaft« bewusst geworden sind.

- Welche verdrängten Emotionen hast du bezüglich deiner Freunde?
- Welche Anteile haben deine Freunde, die du selbst noch nicht integriert hast?
- Welche Themen zeigen sich, wenn du dir vorstellst, ohne Freunde dazustehen?

Kinder

Schreib dir hier alle Themen auf, die dir zum Thema »Kinder« bewusst geworden sind.

- Welche verdrängten Emotionen hast du bezüglich deines Kindes?
- Welche Anteile hat dein Kind, die du selbst noch nicht integriert hast?

____

____

____

____

____

____

____

Am Arbeitsplatz

Schreib dir hier alle Themen auf, die dir zum Thema »Arbeitsplatz« bewusst geworden sind.

- Welche verdrängten Emotionen hast du bezüglich deines Arbeitsplatzes, deiner Mitarbeiter, deines Chefs oder deiner Kunden?
- Welche Anteile haben die Menschen an deinem Arbeitsplatz, die du selbst noch nicht integriert hast?

Krankheiten und Süchte

Schreib dir hier, alle Themen auf, die dir zum Thema »Krankheiten und Süchte« bewusst geworden sind.

Berufung oder Lebensaufgabe

Schreib dir hier, alle Themen auf, die dir zum Thema »Berufung« beziehungsweise »Lebensaufgabe« bewusst geworden sind.

Fülle

Schreib dir hier alle Themen auf, die dir zum Thema »Fülle« bewusst geworden sind.

- Welche Glaubenssätze hast du bezüglich Geld und Fülle?

Allgemeine Fragen

Schreibe dir hier alle Antworten auf die folgenden Fragen auf.

- Kann ich mich lieben und akzeptieren, so wie ich bin?
- Fühle ich mich wertvoll, so wie ich bin?
- Was hole ich mir noch im Außen, was ich mir im Inneren nicht geben kann?
- Was verhindert noch, dass ich Person xy so akzeptieren kann, wie sie ist?
- Wo verurteile ich mich noch selbst und warum?
- Wem kann ich noch nicht verzeihen und warum?
- Welche Gedanken und Gefühle habe ich bezüglich der Zukunft?
- Was verhindert noch, dass ich mit meiner Vergangenheit in Frieden komme?
- Welche Dinge, die ich eigentlich gerne umsetzen würde, halte ich noch zurück und warum?
- Wie durfte ich in meiner Kindheit nicht sein und erlaube es mir immer noch nicht?

Die Ray Light Infusion®-Technik

Angetrieben durch meine Lebensaufgabe, den Menschen zu helfen, damit sie in höhere Bewusstseinszustände gelangen, bin ich fast schon obsessiv, wenn es darum geht, effektive Transformationstechniken zu finden. In meiner Laufbahn habe ich zahlreiche Ausbildungen durchlaufen, stets auf der Suche nach Möglichkeiten, andere auf bestmögliche Weise zu unterstützen. Was mir auf meiner »Mission« schon immer wichtig war: Die Techniken sollten sehr leicht in der Anwendung sein, eigenständig durchführbar und gleichzeitig sehr effizient. Denn Transformationsarbeit kann Spaß machen, wenn es nicht so kompliziert ist und man schnell Erfolge erzielt.

Einige Jahre habe ich immer wieder herumgetüftelt, bis ich eine Technik entwickelte, von der ich selbst so begeistert war, dass ich gar nicht erwarten konnte, sie mit anderen zu teilen. Diese Technik, die ich dir hier gern zur Verfügung stelle, hat bereits Hunderten meiner Klienten helfen können, alles, was sie noch von ihrem wahren Ich trennt, zu transformieren, um sich Schritt für Schritt immer mehr damit zu verbinden.

Die Ray Light Infusion®-Technik wird auch dir helfen, deine innere Trennung durch deine noch vorhandenen Schattenseiten zu überwinden, um immer mehr die Einheit in dir zu finden. Du wirst also spirituelle Alchemie vom Feinsten vollziehen und dein Wesen buchstäblich nach und nach vergolden. Wie du schon gelesen hast, geht es hierbei nicht darum, deine verdrängten Emotionen und Muster, die dein Ego am Leben halten, auszulöschen. Es geht darum, eins mit ihnen zu werden, damit sie sich wandeln können. Und genau diesen wundervollen Vorgang erfährst du dank dieser kraftvollen

Technik. Mit ihrer Hilfe wirst du in der Lage sein, dein Bewusstsein so auszudehnen, dass du dich mit dem sogenannten Nullpunktfeld oder auch Einheitsbewusstsein verbindest. Materie, Gedanken, Emotionen, ja, einfach alles, was existiert, kommt aus dem Nullpunktfeld. Verbunden mit diesem reinen Bewusstsein kannst du jenseits von Zeit und Raum und den gängigen Gesetzen des Lebens tiefgreifende Veränderungen erfahren. Verbunden mit dieser Energie wirst du in der Lage sein, zielgerichtet Licht auf all deine Schattenseiten zu werfen, um sie transformieren zu können.

Das Ray Light Infusion®-Symbol ansehen

Das eigens für diese Technik kreierte Ray Light Infusion®-Symbol hat in der Anwendung der Technik eine ganz spezielle Aufgabe. Es hilft dir, die neutrale Energie des Nullpunktfeldes, mit dem du verbunden sein wirst, so zu übersetzen, dass es dir exakt die Transformationsenergien und Informationen liefert, die du zur Lösung eines speziellen Themas benötigst.

Zum besseren Verständnis werde ich dir den genauen Ablauf nun erst einmal ausführlich erklären. Später findest du die Technik noch einmal kurz und knapp zusammengefasst beziehungsweise kannst sie auch, mit meiner Stimme angeleitet und mit Hintergrundmusik hinterlegt, über einen Link anhören.

Da das Ray Light Infusion®-Symbol eine wichtige Rolle in der Anwendung spielen wird, schaust du es dir im ersten Schritt für einige Sekunden an, um es mitten in der Übung gut visualisieren zu können.

Dein Thema wählen

Zuerst einmal ist es wichtig, dass du dir ein Schattenthema aussuchst, das du gerne lösen möchtest. Dies kann beispielsweise eine belastende Emotion sein wie die Angst, verlassen zu werden, oder ein negativer Glaubenssatz wie zum Beispiel »Ich bin wertlos«. Präge dir dein Thema ein, denn du wirst es mitten in der Anwendung aussprechen, um die Transformation einzuleiten.

Entspannen

Wenn die Anwendung beginnt, so ist es essenziell, zuerst einmal einen entspannten Zustand einzunehmen. Wähle eine bequeme Sitz- oder Liegeposition, schließ die Augen, und nimm ein paar tiefe Atemzüge.

Verwurzeln

Da du mit dieser Technik dein Bewusstsein über deinen Körper hinaus ausdehnen wirst, ist es wichtig, sich zu erden. Deswegen stellst du dir vor, dass goldene Wurzeln aus deinen Füßen nach unten wachsen und sich mit dem Mittelpunkt der Erde verbinden. Dadurch schaffen wir eine gute Voraussetzung, dass du während der Übung nicht die Bodenhaftung verlierst, die für eine erfolgreiche Umsetzung wichtig ist.

Hinaufsteigen

Im nächsten Schritt geht es darum, dass du dich mit dem Nullpunktfeld oder Einheitsbewusstsein verbindest. Hierzu richtest du deine Aufmerksamkeit auf die Mitte des Inneren deines Kopfes und beobachtest, wie dort ein weißgoldener Aufzug erscheint. Du steigst in ihn ein, und wenn sich die Tür schließt, wirst du Zeuge, wie er in Lichtgeschwindigkeit nach oben schießt. Durch alle Ebenen und Dimensionen hindurch steigst du immer höher, bis du merkst, dass der weißgoldene Aufzug im obersten Stockwerk zum Stehen kommt. Aus dem Aufzug ausgestiegen, erfährst du, wie die kraftvolle, gleißend helle Energie des Einheitsbewusstseins dich umhüllt und durchdringt. Gepaart mit einem friedvollen Gefühl, badest du einige Momente in dieser Energie, bevor der nächste wichtige Schritt eingeleitet werden wird.

Nun geht es darum, dass du, verbunden mit diesem Bewusstsein der Quelle, zurück in deinen Körper gelangst, um die Transformation deines Themas einzuleiten. Hierzu stellst du dir vor, dass du einen Lichtstrahl aus dem Einheitsbewusstsein, ähnlich der Dicke eines Gartenschlauchs, mitnimmst, während du in freiem Fall mit Lichtgeschwindigkeit Richtung Erde fällst.

Mit dem Ray Light Infusion®-Symbol verbinden

Wenn du fast wieder in deinem Körper angekommen bist, siehst du nun, wie das Ray Light Infusion®-Symbol einen halben Meter vor deiner Stirn leicht nach oben versetzt erscheint.

Nun folgt ein wichtiger Schritt, denn das Symbol dient als Transformator, der die Energie des Einheitsbewusstseins nutzt, um sie für dich und das Thema, das gelöst werden möchte, zu übersetzen. Hierfür beobachtest du, wie du deinen mitgebrachten Lichtstrahl an das Symbol vor deiner Stirn anschließt, um danach zurück in deinen Körper zu gehen.

Die Transformation in Auftrag geben

Damit das Symbol weiß, welche Transformationsenergien und Informationen es für dich bereitstellen muss, sprichst du im nächsten Schritt dein Thema aus und weist die Transformation an. Hierzu verwendest du folgenden Satz:

Ich entscheide mich jetzt, dass mein Thema … auf allen Ebenen transformiert ist.

Jetzt kann die Transformation eingeleitet werden. Du siehst, wie das Symbol sich langsam zu drehen anfängt. Nach einem kurzen Moment erlebst du, dass aus dem Symbol Energien auszutreten beginnen und über deine Stirn sich in deinem Körper verteilen. Die Transformation beginnt.

Die Transformation beobachten

Jetzt ist es wichtig, dass du den Vorgang bezeugst, indem du präsent bleibst und zum Beobachter wirst. Schau einfach zu, wie die Energie sich in dir verteilt, und lass alles geschehen, was sich auftut. Im Laufe des Transformationsprozesses können sich innere Bilder zeigen, Stellen an deinem Körper können sich bemerkbar machen, wie zum Beispiel ein leichter Druck im Bauch, und auch Emotionen können sich zeigen. Eventuell wirst du auch das Gefühl haben, dass es dich durchwirbelt.

Die Transformation ist abgeschlossen

Wenn das Thema gelöst ist, wirst du beobachten, dass sich die Energien in dir beruhigen. Ein weiteres Indiz ist, dass das Symbol sich aufhört zu drehen, wenn der Prozess beendet ist. Je nachdem, wie tief und komplex das Thema ist, das du lösen möchtest, desto länger kann es natürlich dauern. Während eine Emotion, die nicht so tief in dir sitzt, wie zum Beispiel ein Neidgefühl, eventuell nur drei bis vier Minuten dauert, bis es gelöst sein kann, wird es bei einem komplexen Thema, wie Vergebung mit den Eltern zu finden, vielleicht sogar zwei bis drei Anwendungen brauchen.

Zurück ins Hier und Jetzt

Nun bist du bereit, in die Gegenwart zurückzukehren. Werde dir wieder deines Atems bewusst, bewege deinen Körper, und öffne deine Augen.

Die Audio Ray Light Infusion®-Anwendung

Ich empfehle dir, dich ganz bequem mit meiner Stimme durchleiten zu lassen. Die Audio Ray Light Infusion®-Anwendung ist zusätzlich mit bestimmter Frequenzmusik hinterlegt, die es dir noch leichter machen wird, in den Zustand des Einheitsbewusstseins zu kommen.

Du kannst sie entweder mit dem QR-Code anhören oder dem Link folgen: www.julian-heppt.de/technik

Und nun geht's los:

1. Schau dir das Ray Light Infusion®-Symbol für einige Sekunden an.
2. Wähle ein Thema aus, das du gern lösen möchtest, und präge es dir ein.
3. Schließ die Augen, und stell dir vor, dass dir goldene Wurzeln aus den Fußsohlen nach unten wachsen und du dich ganz fest mit dem Mittelpunkt der Erde verbindest.
4. Richte deine Aufmerksamkeit auf die Mitte des Inneren deines Kopfes und beobachte, wie ein weißgoldener Aufzug erscheint, in den du einsteigst.
5. Die Tür schließt sich, und in Lichtgeschwindigkeit schießt du nach oben. Durch alle Ebenen und Dimensionen hindurch steigst du immer höher, bis du merkst, dass der weißgoldene Aufzug, im obersten Stockwerk zum Stehen kommt.
6. Du steigst aus und siehst die kraftvolle gleißend helle Energie des Einheitsbewusstseins, die dich umhüllt und durchdringt. Du badest einige Momente in dieser Energie.

7. Du nimmst einen Lichtstrahl aus dem Einheitsbewusstsein, ähnlich der Dicke eines Gartenschlauchs, mit, während du in freiem Fall mit Lichtgeschwindigkeit Richtung Erde fällst.
8. Wenn du deinen Körper wieder siehst, während du hinabfällst, bemerkst du, dass das Ray Light Infusion®-Symbol einen halben Meter vor deiner Stirn, leicht nach oben versetzt, erscheint.
9. Du bremst kurz ab und schließt deinen mitgebrachten Lichtstrahl an das Symbol vor deiner Stirn an, um danach zurück in deinen Körper zu gehen.
10. Du leitest die Transformation ein, indem du dein Thema mit dem Satz formulierst:

Ich entscheide mich jetzt, dass mein Thema … auf allen Ebenen transformiert ist.

11. Du siehst, wie das Symbol sich langsam zu drehen beginnt und sich aus dem Symbol heraus die Transformationsenergien und Informationen über deine Stirn in deinem Körper verteilen.
12. Du beobachtest den Vorgang, indem du präsent bist und alles – wie innere Bilder und Emotionen, die aufkommen – einfach durchfließen lässt.
13. Die Anwendung ist beendet, wenn du siehst, dass das Symbol aufgehört hat, sich zu drehen.
14. Werde dir wieder deines Körpers bewusst, und bewege ihn. Öffne deine Augen, und du bist wieder im Hier und Jetzt zurück.

Formulierungsvarianten

Wenn du in der Anwendung deinen Transformationssatz formulierst, sind deiner Kreativität keine Grenzen gesetzt. Um dir den Start zu erleichtern, hier ein paar Beispiele:

- *Ich entscheide mich jetzt, dass meine Angst, abgelehnt zu werden, transformiert ist.*
- *Ich entscheide mich jetzt, dass mein Glaubenssatz »Ich bin nicht gut genug, um geliebt zu werden« transformiert ist.*
- *Ich entscheide mich jetzt, dass alles, was verhindert, dass ich meinem Vater vergebe, jetzt transformiert ist.*
- *Ich entscheide mich, dass alles, was verhindert, dass ich mich selbst liebe und akzeptiere, so wie ich bin, jetzt transformiert ist.*

Das zweite Element der Ray Light Infusion®-Technik

Wie schon gesagt wurde, ist es äußerst förderlich für den Prozess, wenn man sich regelmäßig mit den Attributen des wahren Ichs verbindet, obwohl man noch nicht ganz da ist. Genau das erreichen wir mit dem zweiten Element. Das Gute ist, diese Variante ist noch einfacher als die erste, und man geht dieselben Schritte, um sich mit dem Einheitsbewusstsein und dem Symbol zu verbinden. Der einzige Unterschied ist, dass du anstatt eines Themas, welches du zur Transformation freigibst, formulierst, dass alle Aspekte deines wahren Ichs in dich einfließen. Und ich kann dir aus Erfahrung sagen: Es funktioniert wunderbar. Konkret sieht der Ablauf so aus:

1. Schau dir das Ray Light Infusion®-Symbol für einige Sekunden an.
2. Schließ die Augen, und stell dir vor, dass dir goldene Wurzeln aus den Fußsohlen nach unten wachsen und du dich ganz fest mit dem Mittelpunkt der Erde verbindest.
3. Richte deine Aufmerksamkeit auf die Mitte des Inneren deines Kopfes und beobachte, wie ein weißgoldener Aufzug erscheint, in den du einsteigst.
4. Die Tür schließt sich und in Lichtgeschwindigkeit schießt du nach oben. Durch alle Ebenen und Dimensionen hindurch steigst du immer höher, bis du merkst, dass der weißgoldene Aufzug, im obersten Stockwerk zum Stehen kommt.

5. Du steigst aus und siehst die kraftvoll, gleißend helle Energie des Einheitsbewusstseins, die dich umhüllt und durchdringt. Du badest einige Momente in dieser Energie.
6. Du nimmst einen Lichtstrahl aus dem Einheitsbewusstsein, ähnlich der Dicke eines Gartenschlauchs, mit, während du in freiem Fall mit Lichtgeschwindigkeit Richtung Erde fällst.
7. Wenn du deinen Körper wieder siehst, während du hinabfällst, bemerkst du, dass das Ray Light Infusion®-Symbol einen halben Meter vor deiner Stirn, leicht nach oben versetzt, erscheint.
8. Du bremst kurz ab und schließt deinen mitgebrachten Lichtstrahl an das Symbol vor deiner Stirn an, um danach zurück in deinen Körper zu gehen.
9. Du leitest den Vorgang, dich mit den Energien deines wahren Ichs zu verbinden, ein, in dem du den Satz sprichst:

Ich entscheide mich jetzt, mich mit allen Elementen meines wahren Ichs zu verbinden.

10. Du siehst, wie das Symbol sich langsam zu drehen beginnt und aus dem Symbol heraus die Energien deines wahren Ichs wie Freude, Liebe, Vergebung, Frieden, Akzeptanz, Dankbarkeit, Fülle und deine Lebensaufgabe über deine Stirn in deinen ganzen Körper fließen und sich verteile.
11. Du beobachtest den Vorgang, indem du präsent bist und alles – wie innere Bilder und Emotionen, die aufkommen – einfach durchfließen lässt.

12. Die Anwendung ist beendet, wenn du siehst, dass das Symbol aufgehört hat, sich zu drehe.
13. Werde dir wieder deines Körpers bewusst, und beweg ihn. Öffne deine Augen, und du bist wieder im Hier und Jetzt zurück.

Deine 22-Tage-Challenge

Bleib am Ball! Ich hoffe, du bist aus den Startlöchern herausgekommen und ganz gespannt, wie die Technik wirkt. Speziell für dieses Buch habe ich mir eine Challenge für dich überlegt. Da ich in der Zusammenarbeit mit meinen Klienten festgestellt habe, dass sich die größten Veränderungen bei ihnen binnen 22 Tagen der Anwendung einstellten, möchte ich dich dazu einladen, dich auf diese Zeit zu committen und die Challenge zu akzeptieren. Bitte lass dein Ego nicht gewinnen, das dir vielleicht vorschlägt, es auf irgendwann zu verschieben. Nutze das Momentum, das du jetzt gerade hast, und leg los! Denn dies ist keine Technik, die man irgendwann halt mal so ausprobiert. Gib der Sache bitte eine echte Chance. Du wirst es nicht bereuen. Klar könnte es sein, dass dein Ego jetzt gerade ein klein wenig rebelliert, weil es ahnt, dass es ihm an den Kragen geht. Aber du hast nun das Bewusstsein darüber und kannst ihm die Stirn bieten. Falls du in deinem Leben noch wenig oder keine Erfahrung mit Meditationen oder Entspannungsübungen gemacht hast, kann es sein, dass sich das allererste Mal, wenn du die Technik anwendest, noch etwas holprig anfühlen wird. Die Erfahrung zeigt jedoch, dass man spätestens nach der dritten Anwendung so richtig in den Flow kommt.

Wähle dir ab Tag 1 der Challenge jeden Tag ein Thema aus deiner Liste aus, und führe eine Anwendung mit dem ersten Element durch.

Ab dem 9. Tag praktizierst du zusätzlich einmal am Tag das zweite Element der Technik, um dich mehr und mehr mit deinem wahren Ich zu verbinden.

Und nun wünsche ich dir viel Erfolg bei der Umsetzung und freue mich auf dein Wachstum! Um dir zu verdeutlichen, dass diese Technik wahre Wunder wirken kann, liest du im Folgenden noch zwei Feedbacks von ehemaligen Klientinnen, wieder mit eigenen Worten.

Katrins Erfahrung

Ende des Jahres 2020 befand ich mich an einem Punkt in meinem Leben, an dem ich eine Entscheidung treffen wollte – und zwar eine Entscheidung für mich. Sollte ich wirklich endlich den Mut aufbringen, mich bedingungslos für mich zu entscheiden? Ich wusste, ich würde für diesen Schritt meinen ganzen Mut und meine ganze Kraft brauchen, um mir mein ganzes Ja zu geben.

Bis hierhin liest es sich leicht. Und was ist schon Großes dabei, diese Entscheidung zu treffen? Es hört sich ja auch nach der einzig logischen und richtigen Entscheidung an. Und was soll ich sagen: *Ja*, es ist die einzig richtige Entscheidung, aber logisch erschien sie mir zunächst nicht. Wie sollte sie auch, denn zu diesem Zeitpunkt steckte ich überwiegend in meinen tiefen Emotionen fest, die sich nur schwer kontrollieren ließen. Ich musste zudem an diesem Punkt auch wirklich bereit sein, Altes loszulassen und den Weg anzunehmen, den mir das Universum aufzeigen würde. Ich wusste, dass dies auch unter Umständen bedeutete, die tiefe Liebe, die ich für einen Mann empfand, loszulassen, zu transformieren und mir diese selbst zu schenken. War ich wirklich dazu bereit? Ja, ich war bereit, und ich traf diese Entscheidung mit dem vollen Wollen, in meinem Schlamm zu wühlen, dort hinzusehen, wo es schmerzt, und mich zu heilen –

aber ich hatte auch große Angst! Aber was ich unbedingt wollte, war, weiterzugehen, endlich aus meinem ganz persönlichen Teufelskreis aus Liebe, Schmerz, Wut, Trauer, Abhängigkeit sowie Bedürftigkeit auszusteigen und frei zu sein!

Ich begann mit Julians Ray Light Infusion®-Technik zu arbeiten, und es machte mir von Anfang an Mut. Und vor allen Dingen war ich stolz auf mich, diesen Stein ins Rollen gebracht zu haben. Ich spürte bereits, dass sich die Reise nicht mehr aufhalten ließ.

Ich fühlte mich von vornherein stark angezogen von dieser Technik. Das System »resetten« und in einem Zustand der absoluten Annahme zu sein, fühlte sich in meiner Vorstellung einfach nur gut an! Die ersten Versuche waren sehr schwer für mich. Meinen Verstand auszuschalten und zuzulassen, was sich mir zeigt, ist einfacher gesagt als getan. Ich dachte bei der Meditation darüber nach, wie ich es schaffe, die Dinge einfach nur geschehen zu lassen, ohne sie herbeizudenken oder meine Gedanken zu manipulieren. Doch ich gab nicht auf, und siehe da, auf einmal kam ich so richtig in den Flow. Von nun an sah und fühlte ich diese kosmische Energie bei jeder Ray Light Infusion®-Anwendung. Und ich konnte immer mehr in dem Gefühl der Annahme sein und bleiben. Ich ließ geschehen, was geschehen sollte, und sah einfach nur zu, welche inneren Bilder sich mir zeigten.

Von Tag zu Tag kam ich mir näher und meiner für den jeweiligen Augenblick besten Version meines Selbst. Ich vertraute dem Prozess und nahm mich mit all meinen Facetten, mit all meinem Licht und meinen Schatten immer mehr an. Ich vertraute vor allem mir selbst. Und das Universum beschenkte mich verlässlich bei jeder Anwendung mit der Gewissheit, dass es funktioniert. Ich befand mich im Nullpunktfeld! Und so integriere ich immer mehr den Zustand der absoluten Annahme in mein Leben. Ich kann nicht sagen, dass ich das Gefühl der absoluten Annahme bereits vollständig in meinen Alltag integriert habe, aber allein in Ansätzen zu spüren, wie frei mich dieses Gefühl macht, motiviert mich, weiterzugehen und zu vertrauen, dass ich dafür bestimmt bin, all die Liebe, all das Schöne zu empfangen und in Dankbarkeit anzunehmen.

Ich verstand, dass es nur um mich geht und dass ich mir nur selbst geben kann, was ich brauche, ohne es im Außen zu suchen. Das Gefühl der Bedürftigkeit und des Mangels schlich sich mit jeder Anwendung mehr aus, und das Vertrauen in mich und die Liebe zu mir selbst wuchs. Jetzt, in diesem Augenblick, bin ich so sehr im Frieden, in Dankbarkeit und Liebe für mich selbst. Die vollkommen bewusste Entscheidung, diesen Mann loszulassen, um bei mir anzukommen, mir den Raum zum Wachsen zu geben, mir selbst die Liebe zu schenken, die ich stets im Außen gesucht habe, und darauf zu vertrauen, dass alles für mich und in Liebe geschieht, war die schwierigste und gleichzeitig die beste meines Lebens.

Dass alles dann in dein Leben tritt, wenn die Zeit dafür gekommen ist, hat mir die Begegnung mit Julian gezeigt. Ich bin aus vollem Herzen dankbar für diese unglaubliche Reise, die mit Julian und der Ray Light Infusion®-Technik einen ganz besonderen Drive bekam. Sicher habe ich noch nicht alle Schleier abgelegt und stehe vielleicht auch noch nicht in vollem Glanze meiner selbst – doch mein Vertrauen in das Universum und in den Prozess ist unendlich! Ich habe nun all den Mut und ein zauberhaftes Instrument, um meine Reise in Vertrauen und in Annahme fortzusetzen.

Lolas Erfahrung

Auch wenn ich mich nicht als spirituell bezeichnen würde und mich immer wieder frage, wie es sein kann, dass so etwas wie die Ray Light Infusion®-Technik funktioniert, musste ich jedes Mal feststellen: Ja, es funktioniert tatsächlich! Die Methode ist ein Weg, um sich mit einer höheren Energie zu verbinden. In diesem Zustand wird die Außenwelt, alles, was da draußen passiert und was uns oft so viel Energie saugt, gleich gültig und gleich wertig. Es entsteht eine Akzeptanz und die Erkenntnis, dass eigentlich alles gut ist, so wie es ist. In dieser Beobachterrolle ist es möglich, einen gesunden Abstand zum Alltag aufzubauen, sich abzugrenzen und Raum für eine einfache Klarheit wachsen zu lassen.

Mit ein wenig Disziplin wird die Übung ein schneller Trick, um im Alltag bei sich zu bleiben, in einem geschützten Raum, den man jederzeit einschalten kann. Das Gefühl, dass man groß und stark genug ist, um die Verantwortung für das eigene Glück zu übernehmen, dehnt sich aus. Gleichzeitig ist da ein warmes und liebevolles Gefühl den anderen gegenüber, ganz egal, wie sie sind. Aus dieser Kombination schöpft man Kraft, um zu sich selbst Ja zu sagen und ein klares Nein zu allem, was uns nicht guttut, zu zeigen.

Ich habe mein ganzes Leben (49 Jahre) viel Energie investiert, mein Glück bei den anderen zu suchen. Und auch wenn ich es manchmal noch schade finde, so lange gebraucht zu haben, bin ich glücklich, erkannt zu haben, dass das Glück, die Erfüllung, eigentlich ganz nah vor mir sind. Ich stelle mir selber jeden Tag die gleiche Frage: »Weißt du eigentlich, wie lieb ich dich habe?« Die Geborgenheit, die dabei entsteht, ist sehr empfehlenswert. Ich wünsche euch allen einen wundervollen Weg.

Nachwort

Lange habe ich überlegt, welche Worte ich wähle, um dieses Buch abzuschließen. Zuerst möchte ich dir ein weiteres Mal meinen tiefsten Respekt aussprechen für den Weg, den du gehst. Und auch wenn wir uns (noch) nicht persönlich kennen, ich sehe dich! Ich sehe, dass du Großartiges leistest, mit deinem heldenhaften Unterfangen, nach innen zu blicken. Bitte mach dir nichts draus, wenn es derzeit in deinem nahen Umfeld vielleicht niemanden gibt, der dich und deinen Weg wirklich versteht. Bleib bitte stark, und gib niemals auf.

Hör deinem Ego nicht zu, wenn es dir vorschlägt, dich wieder in der Welt da draußen zu verlieren. Hör stattdessen auf deine innere Stimme, die dir den Weg weist. Und falls es in der Welt noch einmal stürmisch werden sollte, bleib bitte im Vertrauen. Denn du weißt ja jetzt, dass es in der Zeit des Wandels auf dieser Erde noch einmal rütteln könnte. Und wenn es da draußen noch einmal dunkel werden sollte, ist die Chance, dass es im Innen hell wird, umso größer.

Ich bin ganz fest der Überzeugung, dass uns eine wundervolle Zukunft erwartet und immer mehr Menschen den Weg nach innen wählen werden. Stell dir eine Welt vor, in der jeder bereits alles in sich hat und eigentlich nur geben will. Ich freue mich darauf.

Ich wünsche dir alles erdenklich Gute und freue mich, dich vielleicht bald mal live bei einem unserer Events begrüßen zu dürfen.

Dein Julian

Dank

Zuallererst möchte ich mich bei meiner Lebenspartnerin Anna bedanken, ohne die dieses Buch nicht möglich gewesen wäre. Danke, dass du mir stets den Rücken frei gehalten und ein tiefes Verständnis für meinen Schreibprozess aufgebracht hast. Danke auch an meinen Freund und Nachbarn Tim, mit dem wir Tür an Tür wohnen. Danke, dass du mir den Schlüssel für deine Wohnung überlassen hast, als du auf Reisen warst, sodass ich mich immer wieder zum Schreiben auf deinen Balkon setzen konnte, wenn ich ungestört sein wollte. Diese Möglichkeit war wie ein Geschenk des Himmels. Ganz herzlich möchte ich mich auch bei meinen Klienten und Ausbildungsteilnehmern bedanken, mit denen ich die letzten Jahre so viel Wachstum erleben durfte. Es hat mir riesig viel Spaß gemacht, mit euch zu arbeiten, und dank euch darf ich meine Berufung erfahren.

Passend zu diesem Buch möchte ich mich auch bei allen Menschen bedanken, die mich verletzt haben und mit denen ich nicht im »Guten« auseinander gegangen bin. Auch wenn keine Aussprache mit euch möglich war, bitte wisst, dass ich euch alles verziehen habe und heute tief dankbar bin, dass ihr mein Spiegel wart und mir bei meiner Selbstfindung geholfen habt.

Großer Dank gilt auch meinen Eltern, mit denen ich mittlerweile über alles reden kann. Danke, dass ihr mich auf die Welt gebracht habt. Ihr habt einen tollen Job gemacht und ohne euch wäre ich heute nicht da, wo ich stehe.

Danke auch an alle meine Freunde, die mich über die Jahre stets unterstützt haben. Und zuletzt danke an jeden Menschen da draußen, der den Mut hat, den Weg nach innen zu gehen.

Außerdem möchte ich mich noch ganz herzlich bei Annett bedanken, die das Symbol der Technik so wunderbar erstellt hat. Annett's Website: www.energiebilder999.shop

Quellen, Inspirationen

1. Lise Bourbeau: *Heile die Wunden deiner Seele. Mit der Weisheit des Körpers tiefe emotionale Verletzungen heilen*, Windpferd, Aitrang 2013
2. Susanne Hühn: *Der IMAGO-Prozess. Veränderungen meistern oder Von der ganz natürlichen Einsamkeit einer Raupe im Kokon*, Schirner, Darmstadt 2016
3. Eckart Tolle: *Jetzt! Die Kraft der Gegenwart. Ein Leitfaden zum spirituellen Erwachen*, Kamphausen, Bielefeld 2000
4. Chuck Spezzano: *Beziehungs-Notfall-Set: Die Gesetzmäßigkeiten unserer Beziehungen verstehen*, Goldmann Verlag, München, 2009
5. Tom Mögele: *Das MindFlow Konzept: Wie Sie durch Nicht-Wollen und Nicht-Tun alles erreichen*, Momanda, Rosenheim, 2018

Über den Autor

Julian Heppt ist Experte für Selbstfindung und Beziehungen und hat Klienten in zwölf Ländern betreut. Seine Website Dualseelen-Zeit ist eine der führenden in diesem Bereich. Die Vision, Menschen zu helfen, zu ihrem wahren Ich zu finden und wahrhaftige Beziehungen zu führen, treibt ihn Tag für Tag an. Als nächstes Projekt möchte er am Bodensee ein Retreat-Center aufbauen, um für Menschen einen Ort zu schaffen, sich in Ruhe ihrer Entwicklung zu widmen.

Gemeinsam wachsen?

Keine Frage, dieses Buch kann dich schnurstracks zu deinem wahren Ich führen.

Wenn du dennoch an irgendeiner Stelle nicht weiterkommen solltest oder einfach Lust darauf hast, von uns begleitet zu werden, sind wir selbstverständlich gern für dich da.

Mehr zu unseren Kursen und Veranstaltungen findest du hier: www.julian-heppt.de/kurse

Ist es deine Berufung, anderen auf ihrem Weg zu helfen?

Wir bilden dich aus! Hast du das Gefühl, dass es auch deine Lebensaufgabe ist, Menschen auf ihrem Lebensweg zu begleiten und ihnen zu helfen, ihre Themen zu transformieren? Informiere dich gern über unsere Ausbildungen. Wir bringen den Menschen nicht nur den Umgang mit Klienten und Techniken bei. Wir zeigen ihnen auch, wie sie sich innerlich ausrichten können, um die für sie passenden Menschen anzuziehen.

Mehr dazu erfährst du hier : www.julian-heppt.de/ausbildung